Verso un Nuovo Mondo
Conversazioni sull'ecologia profonda

La Scienza

L'Ecologia

Lo Spirito dell'Albero

Guido Dalla Casa

www.larsenedizioni.com
Pubblicato a Luglio 2022
Codice ISBN: 9798842543243

Foto in copertina by Olena Sergienko on Unsplash

Guido Dalla Casa

VERSO UN NUOVO MONDO

Conversazioni sull'ecologia profonda

*La Scienza,
l'ecologia,
lo Spirito dell'Albero*

INTRODUZIONE

Sono passati più di dieci anni dalla pubblicazione, da parte della Casa Editrice Mimesis, del mio libro sull'Ecologia Profonda. In questo periodo sono uscite nuove pubblicazioni molto interessanti: l'argomento sta diventando di attualità anche per gli eventi che si sono manifestati o aggravati negli ultimi anni (Covid, guerre, estinzione di specie, situazione climatica, inquinamento).

Questo libro, contenente circa 50 articoli pubblicati sul web dal 2013 al 2020, si può considerare un aggiornamento delle idee circolanti sulla visione del mondo dell'Ecologia Profonda, o al margine di tale movimento di pensiero.

Negli ultimi anni sono usciti alcuni libri molto interessanti, che non potevano ovviamente comparire nella bibliografia del volume pubblicato nel 2011. Cito in particolare il libro di Stefen Emmott *"Dieci miliardi"*, quello di Rupert Sheldrake *"Le illusioni della scienza"* e il libro di Gloria Germani *"Verità della decrescita"*, dove si collegano le idee dell'Ecologia Profonda a quanto era noto da millenni a molte filosofie orientali, ma ce ne sono altri (come *L'errore antropocentrico* e *Il Manifesto per la Terra*). Sono anche usciti in italiano due libri di Arne Naess (*Introduzione all'Ecologia* e *Siamo l'aria che respiriamo*) e i due volumi di Theodore Kaczynski (*Manifesto di Unabomber* e *Rivoluzione Antitecnologica*). Sono tutti segnali di un certo risveglio di interesse per l'argomento più generale di un'ecologia che non sia fatta delle solite raccomandazioni a "tenere pulita la nostra casa" e andare avanti come prima, cioè con la visione del mondo industrialista e l'economia al primo posto.

In questo periodo sono nati anche movimenti giovanili, come *Extinction Rebellion* e *Fridays For Future*, che si ispirano, anche se in modo non ancora completamente definito, a un'idea di ecologia molto diversa da quella corrente.

Ringrazio la Casa Editrice *WarWave* per avere accettato di pubblicare in un libro questi miei articoli, che non sono soltanto "di aggiornamento", ma vogliono essere anche uno stimolo a tenere vive le idee che si richiamano all'Ecologia Profonda sia su un piano filosofico-culturale sia su un piano scientifico-spiritualista (critica al modello cartesiano-newtoniano della scienza ufficiale), fino ad accennare a quelle forme di animismo che erano presenti in molte culture umane da tempi lunghissimi. Vi sono anche accenni alla possibilità che la situazione attuale possa essere l'innesco della fine della civiltà industriale, che non può durare a lungo perché incompatibile con il funzionamento della Terra. Gli avvenimenti degli ultimi anni potrebbero essere opera di una sorta di sistema immunitario della Terra che deve arrestare i fenomeni in corso per riportarsi nelle sue condizioni vitali, oggi fortemente compromesse dalla spaventosa crescita demografica-economica provocata da una cultura umana che ha invaso il mondo intero.

Il libro è diviso in tre parti che corrispondono ad argomenti attinenti a Scienza, Ecologia e Spiritualità, anche se si tratta di parti in realtà non separabili.

Guido Dalla Casa

Questo libro è una raccolta degli articoli pubblicati sul giornale informatico *QuanticMagazine* fra il 2013 e il 2019. La data indicata è quella di pubblicazione on-line dell'articolo.

Parte Prima

LA SCIENZA

Dedica mezz'ora al giorno a pensare al contrario di come stanno pensando i tuoi colleghi.

La religione del futuro sarà una religione cosmica. Dovrebbe trascendere un Dio personale ed evitare dogmi e teologia. Incorporando sia il mondo naturale che il mondo spirituale dovrebbe fondarsi su un senso religioso che scaturisce dall'esperienza di ogni cosa, naturale e spirituale, come di un'unità piena di significato. Credo nel Dio di Spinoza, che si manifesta nell'armonia di tutte le cose, non in un Dio che si interessa del destino e delle azioni degli uomini.

Albert Einstein

Non è l'Universo fatto secondo la nostra logica. Siamo noi fatti secondo la logica dell'Universo. Credo che vi sia un'Intelligenza nell'Universo. Badi, ho detto nell'Universo. L'idea giudaico-cristiana è quella di un Dio che, dal di fuori, fabbrica l'Universo come si fabbrica un oggetto in uno stabilimento. È un'idea che non mi attira. Io penso che l'Intelligenza sia nell'Universo. Che sia l'Universo.

Fred Hoyle

Non sono sicuro che l'individualità che noi sentiamo come persona, come individuo, sia reale, che essa non sia un'illusione. È in ogni caso un'idea diffusa in Oriente, presso i maestri delle Upanishad, che si tratti di un'illusione, che noi non siamo realmente individui spirituali, ma "parte" di una stessa Entità.

Erwin Schroedinger

L'unica legge è che non c'è nessuna legge.

John Archibald Wheeler

Quale struttura connette il granchio con l'aragosta, l'orchidea con la primula e tutti e quattro con me? E me con voi? E tutti e sei noi con l'ameba da una parte e con lo schizofrenico dall'altra? Mi abbandono alla convinzione fiduciosa che il mio conoscere è una piccola parte di un più ampio conoscere integrato che tiene unita l'intera Biosfera.

Gregory Bateson, Mente e Natura, Ed. Adelphi, 1984

Dalla Fisica all'Ecologia

(19 gennaio 2013)

Agli inizi della scienza moderna, circa tre secoli fa, la fisica nacque come meccanica, soprattutto per opera di Newton. Il pensiero corrente della cultura occidentale è ancora oggi in gran parte ancorato alla visione del mondo che consegue da quelle premesse, sia per quanto riguarda i concetti di spazio e di tempo, sia perché viene attribuita ai fenomeni una natura meccanica. Inoltre, alla base della scienza "ufficiale" sta il dogma che il mondo materiale esiste in modo del tutto indipendente dal mondo mentale-spirituale: compito dell'osservatore è scoprire le leggi oggettive del mondo materiale.

Con la relatività speciale (1905), spazio e tempo perdono la loro esistenza indipendente ed assoluta, materia ed energia diventano intercambiabili. Con la relatività generale (1916) anche la gravitazione entra nel gioco e viene sostituita con la "geometria dello spaziotempo". Materia ed energia sono state unificate, ma il dualismo principale resta netto: c'è un mondo energetico-materiale oggettivo, che viene esplorato da una mente separata, soltanto umana.

Il pensiero corrente ha accettato l'unificazione energia-materia, ma non è andato oltre. Sempre di entità fisiche si tratta. La mente è un'altra cosa: essa indaga dall'esterno il mondo fisico oggettivo. L'etica riguarda sempre soltanto chi è "dotato di mente", cioè – in quella visione – gli umani.

Come noto, nel 1927 Werner Heisenberg formulò il suo famoso "principio di indeterminazione", che inizialmente riguardava la posizione e la quantità di moto di una particella. Le due grandezze non sono determinabili esattamente entrambe: in altre parole se vogliamo definirne una, l'altra è completamente indeterminata. Solo l'osservazione "sceglie" la grandezza da conoscere. Il principio si applica anche ad altre coppie di grandezze, fra cui la coppia energia-tempo: se fissiamo un istante esatto, cioè vogliamo che sia nulla l'indeterminazione del tempo, la "particella" presenta una massa-energia totalmente indeterminata, il che significa che non è niente di definibile in alcun modo. L'indeterminazione non deriva da una limitazione dei nostri strumenti o dei nostri sensi, ma è una caratteristica del mondo, è nella natura delle cose. Non si può separare il fenomeno dall'osservazione, non esiste alcuna realtà oggettiva. Il dualismo mente-materia è scomparso: non si possono separare.

Come noto, Erwin Schroedinger arrivò agli stessi risultati di Heisenberg e riuscì a formulare l'equazione che porta il suo nome: si tratta di un'equazione differenziale che descrive l'andamento nel tempo della probabilità di trovare una "particella" in una determinata posizione. E' qualcosa di piuttosto evanescente e sfumato, ma comunque siamo ancora in grado di descrivere un andamento nel tempo.

Nella seconda metà del Novecento lo studio dei sistemi portò a formulare le idee di sistema complesso e di essere collettivo. In particolare, un sistema che abbia un certo grado di complessità si evolve in modo che il suo sviluppo diventa completamente imprevedibile, anche in linea di principio: infatti si trova ben presto in qualche biforcazione-instabilità, dopo la quale prenderà vie completamente diverse anche per variazioni infinitamente piccole. Si usa dire che il sistema prende a caso una via o l'altra, ma possiamo ugualmente dire che il sistema sceglie la via da prendere. Nei sistemi complessi si ha l'emergenza di fenomeni mentali.

Seguendo questa scuola di pensiero, ci ritroviamo in un mondo naturale costituito da entità mentali, senza confini precisi, di cui le entità umane sono soltanto una parte: è evidente che in tal modo l'etica deve comprendere tutta la natura.

Se consideriamo la mente associata al sistema totale, ovvero a tutta la Biosfera, ritroviamo l'idea di Gaia già teorizzata da alcuni scienziati (Lovelock, Margulis, Sheldrake). La distinzione fra mondo energetico-materiale, al servizio della nostra specie, e mondo mentale-psichico-spirituale, che un tempo era considerato come esclusiva umana, è scomparsa.

Ma la mentalità corrente e il mondo ufficiale restano su una posizione "ottocentesca", quella di un universo meccanico in cui solo l'essere umano, l'unico dotato di mente-anima, ha diritto a considerazione morale. Invece il filone di pensiero che abbiamo seguìto ci dà la speranza di ritrovarci in un mondo che riscopre lo spirito dell'albero, della montagna, del torrente.

Neutrini e Bosoni

(2 marzo 2013)

Nel corso del 2012 vi sono stati due annunci "clamorosi" da parte degli scienziati del CERN di Ginevra:
 si sono trovati dei neutrini che viaggiano più veloci della luce e si è provata l'esistenza del bosone di Higgs, la "particella di Dio". Mi sembra opportuna qualche considerazione sul modo di procedere della scienza ufficiale e sulle modalità con cui vengono divulgate le notizie sulle scoperte scientifiche. Nella mia cantina si trovano ancora articoli di 30-40 anni fa scritti da autori al di sopra di ogni sospetto (Prof. Recami e Prof. Fracastoro Decker) pubblicati su prestigiose riviste scientifiche in cui vengono descritte entità con velocità superiori a quella della luce: venivano chiamate *tachioni*. Quindi non si tratta di grandi novità o di "stranezze" completamente inattese. Inoltre il fenomeno dell'*entanglement*, largamente conosciuto dai fisici d'avanguardia, comporta un legame assolutamente istantaneo (cioè a velocità infinita) fra entità anche lontanissime. I fenomeni non-locali sono noti da tempo, anche se mai completamente accettati dagli scienziati "ortodossi" meccanicisti-materialisti-cartesiani che si autoproclamano "la scienza" e che venerano la relatività ignorando di fatto le conseguenze della fisica quantistica.

In una trasmissione televisiva sulla scoperta, ho visto i neutrini raffigurati come "palline", e questo perpetua la solita visione meccanicista, anche se sappiamo che non esiste alcuna particella, né alcun "mattone fondamentale della materia", ma solo configurazioni in una rete di relazioni. Sembra poi che la fisica ufficiale, l'unica che viene divulgata, ignori il vuoto quantistico e l'impossibilità di definire una "massa". Oggi sappiamo che c'è solo una danza di energie e che si tratta di energie anche mentali. Sembra che ottant'anni siano passati invano. Si è subito parlato di "esperimenti" per confermare o confutare la clamorosa scoperta (poi semi-smentita). A nessuno salta in mente che i neutrini avranno o non avranno una velocità maggiore di quella della luce a seconda di come è, o sarà, l'inconscio del sistema "CERN-Gran Sasso-sperimentatori-pubblico". Ma si vuole continuare a far credere, anche in buona fede, che esiste una "realtà" indipendente e che è lì da sempre in attesa di essere finalmente "scoperta" da qualcuno. Non si vuole ammettere che anche le leggi fisiche sono variabili e gli eventi non totalmente prevedibili. In seguito, è arrivata un'altra notizia: il bosone di Higgs esiste. Non penso che molti si siano preoccupati di chiedersi che senso ha questa affermazione, come non credo che nella brillante équipe di scienziati del CERN ci sia qualche filosofo della scienza. Stavano cercando da molti anni la "particella di Dio", una delle cosiddette particelle elementari, ormai troppo numerose per essere "costituenti fondamentali" o qualcosa di simile. Eureka! La particella esiste. Le apparecchiature erano state preparate e modificate più volte e da lungo tempo, ma sempre per rispondere secondo due alternative: "esiste" oppure "non esiste". La solita domanda binaria, a risposta univoca. Tutto è fatto come se il famoso bosone "esistesse" o "non esistesse" da quindici miliardi di anni, o da sempre, e aspettasse di essere "scoperto" da qualcuno. Ma forse non poteva non essere trovato, perché la carica dell'inconscio nella direzione di "esiste" era molto forte: allora è stata "provata la sua esistenza". Oppure ha cominciato ad esistere. Finiamo per trovare tutto quello che cerchiamo, pur di cercarlo in un certo modo. Inoltre, l'ipotesi che le leggi fisiche e le cosiddette costanti universali restino invariate per miliardi di anni, o per sempre, è una pura speculazione filosofica, che le rende una specie di divinità. Dovremmo lasciar variare anche loro, come tutto il fluire del mondo ... oppure, secondo l'affermazione di un noto fisico del ventesimo secolo: "L'unica legge è che non c'è nessuna legge" (*John Archibald Wheeler*).

Mi domando se ci sono delle particelle, o solo configurazioni in una rete di relazioni in perenne mutamento. L'Inconscio Collettivo (Ecologico) di *Jung* è forse il Campo di *Planck*. Ma chi mescola mente e materia è visto con grande sospetto dalla scienza ufficiale, l'unica che viene divulgata, anche se è passato quasi un secolo dall'interessante scambio di opinioni sul tema fra *Carl Gustav Jung* e *Wolfgang Pauli*. Senza voler togliere nulla al brillante lavoro degli scienziati di Ginevra, forse il bosone di Higgs è là che oscilla fra l'esistenza e la non-esistenza, come ha sempre fatto.

Ora è uscito dalle pagine dei giornali per tornare dove è sempre stato: in una danza di energie fra l'Essere e il Nulla.

Quaranta Anni Dopo

(1 aprile 2013)

I limiti dello sviluppo, quarant'anni dopo.

Come noto, "I Limiti dello Sviluppo" è un famoso rapporto pubblicato ad opera del Club di Roma nell'anno 1971, per iniziativa di Aurelio Peccei e Jay W. Forrester. Sono co-autori del volume Donella e Dennis Meadows, e Jorgen Randers. Non si possono negare a "I Limiti dello Sviluppo" almeno questi pregi:

- avere attirato l'attenzione sulla gravità del problema della sovrappopolazione;

- avere diffuso il concetto di crescita esponenziale; avere esaminato il problema con un metodo abbastanza accettato

Il rapporto era stato impostato schematizzando il sistema mondiale in cinque grandezze: la popolazione umana, le risorse naturali, gli alimenti, l'inquinamento e la produzione industriale. Erano poi stati analizzati i tipi di interazione fra queste grandezze su scala mondiale e si erano fatte delle proiezioni sul futuro estrapolando gli andamenti delle cinque grandezze dall'inizio dell'Era industriale. Trattandosi di proiezioni, si supponeva di non modificare le interazioni fra le grandezze, cioè si ipotizzava che non cambiasse il modo di vivere e di pensare della cultura dominante. Quindi non si facevano previsioni, ma venivano ricavati dodici diagrammi di proiezione con diversi scenari basati su varie ipotesi. Il primo dei diagrammi era quello che partiva dall'idea semplificativa di procedere nel tempo avendo a disposizione le risorse già note nel 1971, ipotesi che – ovviamente – non si è verificata. Ma il risultato più interessante di quello studio è stata la constatazione che quasi tutte le altre ipotesi, che aumentavano le risorse a disposizione anche in modo considerevole o portavano alcune variazioni "ottimistiche" alle altre grandezze, si concludevano con l'"impazzimento" dei rispettivi diagrammi in un arco di tempo che andava circa dal 2020 al 2080, a seconda del caso in esame. Anche l'ipotesi di continuare a disporre di nuove risorse (risorse infinite) aveva come conseguenza il collasso del sistema, perché l'inquinamento assume valori altissimi, sempre senza alterare il modo di interagire delle cinque grandezze (modo di vita), cioè continuando con il cosiddetto BAU (business as usual). Solo due dei diagrammi esaminati rappresentavano, dopo un certo tempo, un andamento stazionario delle cinque grandezze, ma entrambi richiedevano come condizione necessaria la stabilizzazione della popolazione mondiale attorno all'anno 1975 (fra 3 e 4 miliardi) cosa che notoriamente non si è verificata. I due aggiornamenti del rapporto (1993 e 2006), che mettevano in evidenza il peggioramento della situazione rispetto alla prima pubblicazione del 1971, sono stati completamente ignorati. Comunque, se tracciamo una retta verticale in corrispondenza del 2013 sul primo diagramma di proiezione del rapporto del 1971, si ottiene la situazione attuale, dopo 42 anni!! Le risorse sono in netta diminuzione, popolazione e inquinamento aumentano e continueranno ad aumentare ancora per alcuni anni, prodotto industriale e alimenti hanno appena superato il picco e iniziato la discesa.

Oggi decine di migliaia di esseri umani si spostano con viaggi allucinanti, cinquanta milioni di bambini all'anno muoiono di fame, oltre metà delle foreste del Pianeta sono state abbattute, il ritmo di estinzione di specie ed ecosistemi è diecimila volte quello naturale, i rifiuti invadono la Terra, l'acqua dolce scarseggia in molte parti del mondo, la degradazione di interi continenti è evidente. Si va verso la fine di ogni diversità culturale e biologica, su cui si basa la capacità omeostatica della Terra. Se non si arresta la crescita di popolazione e consumi, siamo soltanto nella fase iniziale del processo. Eppure, in questa situazione, c'è chi continua ad invocare la crescita, diffondendo l'illusione che si possa risolvere il problema soltanto con provvedimenti locali. E' ora di rendersi conto che dobbiamo vivere in condizioni stazionarie, perché questo è l'unico modo di funzionare della Biosfera, cioè dell'Organismo di cui facciamo parte. Questo si può vedere anche partendo dalla teoria dei sistemi, come evidenziato nel libro "Assalto al Pianeta", di Pignatti e Trezza (Ed. Bollati Boringhieri, 2000), in cui si dimostra che il problema non è causato semplicemente dalla scarsità di risorse, ma ha radici più profonde, legate al modo di procedere del sistema economico, che dipende da un'unica variabile (il denaro) e

non può integrarsi in un sistema complesso con gran-
dissimo numero di variabili. Sono necessarie modifiche
profonde, di tipo culturale. Non si tratta affatto di una
fine del mondo, ma del cambiamento radicale di una forma di pensiero: è solo la fine di questo mondo, che tutto
sommato non è neanche tanto entusiasmante.

Un colloquio nei secoli

(22 ottobre 2013)

Colloquio fra la **scienza ufficiale** (S.U.) e il **metodo scientifico** (M.S.)

S.U. – Partiamo insieme alla scoperta di come è fatto il mondo. Cominciamo a fare esperimenti e in base a questi costruiremo teorie che ci aiuteranno a farci sempre più un'idea di come funziona la natura. Se gli esperimenti successivi smentiscono una teoria, la scarteremo e la sostituiremo con un'altra. Davanti a noi sta la natura: esploriamola.

M.S. – La maggior parte delle culture umane non pensa affatto che ci sia una natura esterna che noi possiamo "esplorare". Inoltre pensano che la Mente sia immanente nella Natura. Allora iniziamo pure così, ma ricordati sempre che si tratta solo di un'ipotesi di lavoro: devi essere pronta ad abbandonarla non appena trovi qualcosa che la contraddica. Partiamo quindi dall'ipotesi che esista un mondo costituito di materia-energia indipendente da qualunque fattore non-materiale, se esiste. Supponiamo anche che questo mondo proceda secondo leggi sue proprie. Inoltre fai attenzione prima di suddividere ogni problema, ogni cosa, ogni processo in parti, perché qualunque suddivisione risente di qualche "pregiudizio" e non può essere neutrale e valida per tutti.

S.U. – Come primo esempio, dopo un paio di secoli ho un buon quadro della struttura della materia. Verifico sempre tutto in laboratorio: tutto ciò che non è confermato da prove ripetibili viene scartato, e magari deriso.

M.S. – In realtà hai scartato tutti i fenomeni che contraddicevano la nostra ipotesi di lavoro iniziale! Sei partita dall'ipotesi indimostrabile che l'installazione delle apparecchiature non influenza le possibili cause dei fenomeni che non appartengono al mondo energetico-materiale. Mi sembra che uno dei tuoi problemi sia di non riuscire a trattare le entità non quantificabili e non misurabili: quindi sei costretta a negarle.

S.U. – Hai visto quante scoperte ho fatto sul funzionamento del corpo? E quanti farmaci ho trovato per guarire le malattie? Hai visto quanto è aumentata la vita media umana?

M.S. – In realtà riesci a fare un'ottima terapia d'urgenza, cominciando col salvare la vita a chi è in pericolo imminente, così hai allungato la vita media umana. Ottimo risultato, ma non hai ottenuto molto per guarire i mali "cronici". Inoltre ti rifiuti di esaminare o prendere in considerazione i metodi di cura che si basano su cause non-materiali, anche se queste cure funzionano, più o meno quanto le tue medicine. Ultimamente hai fatto il grande sforzo di tollerare qualcosa, battezzandolo medicina psico-somatica, ma consideri questo campo con grande sospetto. Inoltre i farmaci che produci vengono provati spesso a prezzo di terribili sofferenze ad altri esseri senzienti. Non hai nessuna prova che la sofferenza non resti impressa nell'inconscio (o nella mente) per generare successivamente nuova sofferenza. Già, dimenticavo che il termine inconscio, specie se non legato ad un individuo, per te non ha a priori alcun significato. Konrad Lorenz e tanti altri scienziati hanno ampiamente dimostrato che gli altri animali soffrono, provano emozioni, pensano.

Comunque, la vita media umana è aumentata, ma non è affatto migliorato il grado di salute medio. Come spieghi il vertiginoso e continuo aumento numerico delle malattie di tipo psichico (depressioni e suicidi) e di tipo degenerativo (cancro) anche in persone in giovane età?

S.U. – Per quanto riguarda le depressioni, si tratta di carenze di sostanze nei neurotrasmettitori, o nei neuroni, o comunque di altre cause materiali nell'individuo.

M.S. – Mi sembra che anche in medicina sia venuto il momento di abbandonare l'ipotesi di lavoro che il corpo abbia un funzionamento suo proprio indipendente dalla mente. Tale ipotesi è ormai ampiamente smentita, anche dalla psicoanalisi. Le cure che hai etichettato come non-scientifiche sono spesso basate sullo studio del complesso mente-corpo-società-natura e danno buoni risultati. Per le malattie mentali e le depressioni, come fai a spiegare l'enorme aumento numerico di tante cause materiali che dovrebbero manifestarsi in ciascun sistema nervoso individuale, in modo indipendente una dall'altra? Non vorrai "spiegare" tutto con il caso. Le probabilità sono praticamente zero. E' molto più logico pensare che siano malate la mente collettiva, o l'anima del mondo. Il vero problema è che non vuoi neppure sentir parlare di mente, di psiche o di anima se non in strutture legate ad un sistema nervoso individuale.

Sarebbe ora di riesaminare l'ipotesi di lavoro iniziale, che hai trasformato in un dogma. Pensa, solo come esempio, che anche la non-contraddizione "A non è non-A" e l'impenetrabilità dei corpi (dicotomia vuoto-pieno) sono naufragate nel vuoto quantistico. I fenomeni non ripetibili possono avere spiegazioni considerando anche cause non-materiali. Tu consideri a priori gli esperimenti di laboratorio sempre validi, ma quando installi le apparecchiature, hai già in mente cosa vuoi provare o non-provare! Le domande che poni all'esperimento non sono mai neutrali, perché non possono esserlo, ma presuppongono già il tipo di risposta che deve saltar fuori. Non puoi dimostrare che le concezioni di Galileo sono migliori o "più vere" di quelle di Alce Nero impiegando le conseguenze delle idee di Galileo: in quel modo hai già in mente che le idee di Galileo sono quelle "buone"!

Big Bang e Origine della Vita: Quando certe Bufale diventano "Scienza"

(11 novembre 2014)

Sul *Corriere della Sera* del 3 ottobre 2012, in un articolo interno a piena pagina dal titolo *Lo studio sulle origini: La vita sulla Terra portata da meteoriti*, si è parlato della notizia che "durante il Congresso europeo di scienza planetaria, tenutosi a Madrid, un gruppo di astrofisici dell'Università di Princeton, dell'Università dell'Arizona e del Centro spagnolo di astrobiologia ha presentato una scoperta che possiamo veramente considerare rivoluzionaria. Microorganismi trasportati sulla Terra da frammenti di meteoriti provenienti da altri pianeti possono essere stati il germe primigenio della vita sul nostro pianeta."

Ancora una volta, abbiamo conferme sul modo di procedere della scienza ufficiale e soprattutto della divulgazione scientifica: una "scoperta" del genere è stata presentata al pubblico come "nuova e rivoluzionaria" (ma naturalmente "avrà bisogno di conferme"). Ricordo perfettamente di avere letto una trentina di anni fa un libro di *Fred Hoyle*, noto astrofisico e cosmologo inglese, in cui era dettagliatamente spiegato che *la Vita, sotto forma di microorganismi, può viaggiare negli spazi cosmici e trasferirsi da un sistema planetario ad un altro, naturalmente con la scala dei tempi astronomica, non quella umana.*

Già, ma Fred Hoyle è stato sempre considerato uno scienziato *"non convenzionale"*, capace di mettere in dubbio le "teorie accertate" e il "sapere consolidato": *non era convinto del Big Bang!* Tra l'altro, la teoria del Big Bang non era molto simpatica neppure a scienziati del calibro di Dennis Sciama. Mi sono poi divertito ad andare a cercare un altro articolo: È italiana la smentita del big bang di Pasquale Galianni. Neanche una osservazione sul campo può scalfire le "certezze" consolidate, alla faccia del metodo scientifico!

Forse era meglio non parlare troppo di Hoyle: il pubblico deve considerare *certo* il Big Bang, che è diventato un paradigma entro cui inserire tutte le osservazioni astronomiche, forse perché è compatibile con l'idea di una "Creazione" del tipo che fa da sottofondo alle religioni abramitiche. Inoltre fa pubblicità anche all'*espansione*, tanto gradita alla nostra civiltà attuale (ma sto quasi scherzando).

In sostanza, sembra che al pubblico debba essere fornita qualche certezza, soprattutto se compatibile con il sottofondo della cultura giudaico-cristiana-islamica.

Certo, con la teoria della "creazione continua", detta anche dello "stato stazionario", cioè di un Universo che non ha inizio né fine, è più difficile pensare a un Dio esterno che "crea" e a una "fine dei tempi". In un articolo che riportava una intervista a *Fred Hoyle* di circa 40 anni orsono, ho trovato questa affermazione dello scienziato inglese:

"Credo che vi sia un'Intelligenza nell'Universo. Badi, ho detto nell'Universo. L'idea giudaico-cristiana è quella di un Dio che, dal di fuori, fabbrica l'Universo come si fabbrica un oggetto in uno stabilimento. È un'idea che non mi attira. Io penso che l'Intelligenza sia nell'Universo. Che sia l'Universo."

La Scienza Ufficiale è "Pre-Quantistica"?

(20 novembre 2014)

La fisica attuale è nata tre o quattro secoli fa, sostanzialmente come meccanica, soprattutto per opera di Newton. Ha adottato come premessa *ovvia* una particolare visione del mondo, quella secondo la quale il mondo esiste oggettivamente ed è indipendente dall'osservazione.

Successivamente, la formulazione della teoria atomica ha rafforzato la visione meccanicistica del mondo: c'erano 92 "palline" e con quelle era costituita tutta la materia. Poi è saltata fuori la radioattività: gli atomi non sono indivisibili, sono fatti a loro volta di protoni, elettroni e neutroni. Le "palline" sono più piccole, ma non è cambiato niente: si tratta sempre di mattoni fondamentali che costituiscono l'universale.

Con la *relatività speciale* (1905), spazio e tempo perdono la loro esistenza assoluta e indipendente, materia ed energia diventano intercambiabili. Con la *relatività generale* (1916) anche la gravitazione entra nel gioco e viene sostituita con la *"geometria dello spaziotempo"*. Materia ed energia sono state unificate, ma il dualismo principale resta netto: c'è un mondo energetico-materiale *oggettivo*, che viene esplorato da una mente *separata*. Le entità non-quantificabili e non-misurabili sono ancora sostanzialmente *negate*.

Nei primi decenni del ventesimo secolo, siamo alle soglie di un cambiamento ancora più radicale. Infatti, nel 1927 Werner Heisenberg formulò il "*principio di indeterminazione*", che si applica a molte coppie di grandezze, fra cui la coppia *energia-tempo*: se fissiamo un istante *esatto*, cioè vogliamo che sia nulla l'indeterminazione del tempo, la "particella" presenta una massa-energia completamente indeterminata, il che significa che *non è niente di definibile in alcun modo*. Solo l'osservazione, cioè un aspetto mentale, può definire il fenomeno. Come noto, Erwin Schroedinger riuscì a formulare un'equazione differenziale che descrive l'andamento nel tempo della *probabilità* di trovare una "particella" in una determinata posizione. È qualcosa di molto evanescente e sfumato, ma comunque siamo ancora in grado di descrivere un andamento *nel tempo*. Forse il pensiero corrente ha accettato l'unificazione energia-materia, ma non è andato oltre. Sempre di entità *fisiche* si tratta. Secondo idee diffuse ancora oggi, la mente *indaga dall'esterno* il mondo fisico oggettivo ed è sempre soltanto *umana* (idea oggi completamente ma faticosamente smentita).

Nella seconda metà del Novecento lo studio della *dinamica dei sistemi* portò al concetto di *sistema complesso*: un sistema con un certo grado di complessità ha una evoluzione *non prevedibile neanche in termini probabilistici*. Nel sistema complesso si manifestano fenomeni mentali. Ricordiamo che in particolare tutti i viventi sono sistemi altamente complessi. La Mente è ovunque.

Ma il cambiamento di paradigma, che doveva iniziare nel 1927, è ancora in corso. Infatti la scienza divulgata (cioè "ufficiale") è ancora quella pre-quantistica: lo scienziato-biologo-filosofo Rupert Sheldrake ha così esemplificato i dieci dogmi che questa scienza ufficiale difende ancora disperatamente (da R. Sheldrake – *Le dieci illusioni della scienza*– **Apogeo Urra**, 2013):

- La Natura si comporta come una macchina;
- Il complesso energia-materia è rimasto costante da sempre e per sempre;
- Le leggi della Natura restano invariate;
- La materia non ha alcun genere di coscienza;
- La Natura non ha alcuno scopo, né obiettivo;
- Tutta l'eredità biologica è trasmessa nella materia;
- Tutto ciò che è nella memoria è registrato come tracce materiali;
- La mente è un prodotto soltanto del cervello;
- I fenomeni psichici sono illusioni;
- La medicina materiale meccanicista è l'unica che funziona veramente.

La concezione che tutta la Natura è anche Mente, che richiama le idee animiste-panteiste di molte culture umane, è incompatibile con l'attuale civiltà industriale, in cui si richiede la manipolazione di materia "inerte". I guai del mondo sono causati dall'attuale visione comple-

<u>tamente antropocentrica</u>. L'unica soluzione reale è abbandonarla: dobbiamo sviluppare una visione *ecocentrica*, propria dell'*Ecologia Profonda*, che si può manifestare in molte varianti, o *Ecosofie*.

L'evoluzione del pensiero che abbiamo seguìto ha come sequenza: *Relatività – Indeterminazione – Fisica quantistica – Dinamica dei sistemi complessi – Mente degli esseri senzienti (anche collettivi)*.

Questa evoluzione ci ha portato a concezioni non-antropocentriche, ad un sottofondo di pensiero animista-panteista. Ci troviamo in un mondo naturale fatto di entità anche mentali, senza alcun confine preciso. Il filone di pensiero che abbiamo seguìto ci fa ritrovare in un mondo che riscopre lo <u>spirito dell'albero</u>, della palude, del torrente. *L'etica deve riguardare tutta la Natura.*

Come vive la Terra

(26 febbraio 2015)

La Terra è un sistema altamente complesso, con numerosissimi effetti di retroazione. Secondo la teoria di Gaia (James Lovelock, Lynn Margulis), è un essere senziente. In ogni caso tutti gli esseri viventi sono sistemi altamente complessi, come pure gli ecosistemi e alcuni sistemi non-viventi.

Come i viventi, la Terra è un sistema omeostatico, entro una certa fascia di variabilità, tenendo conto della scala dei tempi. Questo significa che è in grado di riportarsi in situazione vitale, autoriparando i guasti non troppo drastici che dovessero verificarsi.

La Vita (o il funzionamento) della Terra è basata sulla bio-varietà, senza la quale il Pianeta non è in grado di mantenere la situazione stazionaria: le capacità omeostatiche, o vitali, dell'Ecosfera sono conseguenza della bio-varietà. Come esempio, un campo coltivato a monocoltura non può autoripararsi. Si mantiene solo con pesanti apporti esterni (fitofarmaci, pesticidi, fertilizzanti, prodotti petroliferi): l'aumento di produttività è temporaneo e illusorio, perché il bilancio complessivo è negativo.

Il ciclo energetico dell'Ecosistema (o della Terra) si esplica in gran parte attraverso il ciclo vitale di respirazione e fotosintesi.

L'unica energia "utilizzabile dagli umani" in condizioni stazionarie è l'energia solare, rendendo minime le trasformazioni (in pratica, i pannelli solari termici per la produzione di calore).

Veniamo a qualche comportamento umano. In base alle ultime conoscenze derivanti dallo studio della dinamica dei sistemi, sappiamo che in ogni sistema complesso si manifestano fenomeni mentali ("scelte" ad ogni biforcazione-instabilità). Ma allora, cosa differenzia in modo sostanziale la nostra specie dal resto del mondo naturale? Nulla.

Comunque, delle cinquemila culture umane comparse sulla Terra negli ultimi millenni, soprattutto quelle di derivazione medio-orientale e poi europea (quelle delle religioni abramitiche) vedevano l'uomo come qualcosa di totalmente diverso e staccato dalla Natura, qualcosa di natura radicalmente diversa e "superiore". Prima c'era l'animismo, o neanche quello. Qua e là sul Pianeta, c'è stato anche dopo. A volte, c'è ancora.

Come esempio, riporto, dalla Bibbia:

"Dio disse: "Facciamo l'uomo a nostra immagine, secondo la nostra somiglianza, e abbia dominio sui pesci del mare e sui volatili del cielo, sul bestiame, su tutte le fiere della terra e

su tutti i rettili che strisciano sulla terra" (Genesi, 1/26).

...e Dio disse loro: "Siate fecondi e moltiplicatevi, riempite la terra e soggiogatela e abbiate dominio sui pesci del mare e sui volatili del cielo, sul bestiame e su tutte le fiere che strisciano sulla terra". (Genesi, 1/28).

Dio benedisse Noè e i suoi figli e disse loro: "Siate fecondi, moltiplicatevi e riempite la terra. Il timore di voi e il terrore di voi sia in tutte le fiere della terra e in tutto il bestiame e in tutti i volatili del cielo. Per quanto concerne ciò che striscia sul suolo e tutti i pesci del mare, essi sono messi in vostro potere". (Genesi, 9/1-2).

Il concetto è ripetuto ben tre volte! E non lascia molti margini di interpretazione: non mi sembra di aver trovato nella Genesi neppure l'idea (ancora antropocentrica) di "custodia" affidata al bravo amministratore. Naturalmente a tutto questo si aggiunge la posizione del tutto particolare assegnata all'uomo durante il ben noto racconto della creazione.

..E se credessimo nella Terra? La Gaia di Lovelock e Margulis è un'entità anche metafisica: la limitazione ai confini del Pianeta è solo una semplificazione, ottenuta trascurando i collegamenti con il resto dell'Universo.

Secondo il biologo-filosofo inglese Rupert Sheldrake:

"Da qualche secolo una minoranza colta dell'Occidente ritiene che il nostro pianeta sia morto, sia una semplice sfera nebulosa di pietre inanimate che ruota attorno al Sole seguendo le leggi meccaniche. Questa è un'opinione molto azzardata, ove la si consideri in un contesto umano più ampio.

Nel corso della storia quasi tutta l'umanità ha ritenuto che la Terra fosse viva. .... L'ipotesi di Gaia è indubbiamente un notevole passo avanti verso un nuovo animismo; proprio per questo motivo è così discussa. D'altro canto suscita molto interesse perché ci ricollega agli schemi di pensiero del pre-meccanicismo e del pre-umanesimo. ...Se Gaia è in qualche modo animata, allora deve possedere qualcosa di simile a un'anima, un principio organizzatore con fini e obiettivi propri. Ma non dobbiamo supporre che la Terra sia cosciente solo perché sembra viva e provvista di intenzionalità. Potrebbe essere cosciente, ma se lo fosse la sua coscienza probabilmente sarebbe incredibilmente diversa dalla nostra, che è inevitabilmente influenzata dalla cultura e dal linguaggio degli uomini. D'altro canto potrebbe anche essere completamente inconscia. Oppure potrebbe, come noi, essere una creatura dalle abitudini inconsce provvista, a volte, di una certa dose di coscienza. Questo interrogativo deve restare aperto.

... Che cosa cambia se consideriamo la natura viva piuttosto che inanimata? Primo, mettiamo in crisi le ipotesi umanistiche su cui la civiltà moderna è basata. Secondo, instauriamo un rapporto diverso con il mondo naturale e acquistiamo una prospettiva diversa della natura umana, Terzo, diventa possibile una nuova sacralizzazione della natura."

(R. Sheldrake – La rinascita della Natura – Ed. Corbaccio, 1994)

Etica e sostenibilità

(14 gennaio 2016)

Cosa significa che l'andamento di un sistema è "sostenibile"?

Vuol dire che può durare a tempo indefinito senza alterare in modo apprezzabile l'evoluzione del sistema più grande di cui fa parte. Il Sistema Terrestre (o l'Ecosistema, o l'Ecosfera) funziona in modo stazionario, se consideriamo tempi del "nostro" ordine di grandezza.

Di fatto, i modelli culturali umani in atto fino ad alcuni secoli fa rispondevano a questa definizione (con qualche eccezione). In particolare erano completamente sostenibili le culture dei raccoglitori-cacciatori. Una caratteristica di tali modelli era quella di vivere secondo processi ciclici, come avviene in Natura. In essi non esistevano "risorse" né "rifiuti".

Un modello culturale umano (l'Occidente) ha iniziato, da circa due secoli, a funzionare non più per cicli, come il resto della Natura, ma prelevando qualcosa di fisso (le risorse) e scaricando pure qualcosa di fisso (i rifiuti): oggi procede in modo incompatibile con la Vita della Terra. Non è più sostenibile. Inoltre pretende di continuare a far crescere a tempo indefinito il numero degli umani e la quantità di materia-energia che fluisce attraverso i suoi processi. Tale modello ha invaso tutto il Pianeta distruggendo le altre culture umane, molte delle quali (non tutte) procedevano in modo conforme alla vita dell'ecosistema di cui erano parte integrante.

Alcuni anni fa è stata coniata la locuzione "sviluppo sostenibile" che viene usata come una formula magica. Si tratta di un'espressione contraddittoria (un ossimoro), almeno se si continua ad impiegare il termine "sviluppo" nel significato abituale di "crescita economica", cioè di un aumento del fluire dei beni materiali attraverso il processo produrre-vendere-consumare: in sostanza è una crescita dei consumi. Comunque, al di là del significato letterale, di fatto i due termini "crescita" e "sviluppo" sono usati come sinonimi da tutto il mondo politico-economico-industriale-sindacale. Gli abituali indicatori dello sviluppo sono sostanzialmente quantitativi. Come noto, lo sviluppo sostenibile è stato definito dalla Commissione Bruntland dell'ONU come *"lo sviluppo che soddisfa le esigenze del presente senza compromettere la possibilità, per le future generazioni, di soddisfare i propri bisogni"*.

Successivamente il concetto di sostenibilità è stato ulteriormente analizzato e suddiviso in due posizioni diverse:
– Una sostenibilità debole, che si realizza quando, a fronte di un deterioramento ambientale, si ottiene una compensazione uguale o superiore in altre forme di capitale;

– Una sostenibilità forte, dove si richiede che il capitale naturale non decresca mai, mentre le altre forme di capitale possono crescere o restare costanti.

L'errore compiuto dall'inizio della civiltà industriale (ma non solo) è stato quello di ragionare in modo lineare, non in modo sistemico, dando la priorità all'economia, che è invece un dettaglio dell'ecologia, che riguarda tutta la Vita da tre miliardi di anni.

Le definizioni di sostenibilità sopra accennate sono decisamente insufficienti e ingannevoli. Inoltre danno per scontata un'assoluta centralità della nostra specie, posizione sulla quale si possono nutrire forti dubbi sul piano scientifico-filosofico: anche la definizione di "capitale" data al Complesso dei viventi, o alla Biosfera, o alla Terra stessa, denota una posizione completamente antropocentrica e una visione economicista.

In realtà si può definire sostenibile solo una forma di evoluzione che consente a tempo indefinito la vita della Biosfera, cioè ne mantiene le condizioni stazionarie.

Questa è una definizione che richiede un'etica che NON comprende solo l'umanità, ma tutta l'Ecosfera. Infatti la scala dei tempi, la manifestazione di fenomeni mentali nei sistemi complessi e gli studi anche molto recenti sulla mente animale, oltre che tutta l'etologia, richiedono di elaborare un'etica che comprenda tutto il mondo naturale, e non solo l'umanità, come invece è avvenuto soprattutto in Occidente. Se poi facciamo considerazioni morali o filosofiche, finora siamo sempre partiti dall'idea dogmatica che l'unico soggetto di diritti e l'unico essere in grado di provare "benessere" sia l'uomo, relegando gli altri esseri senzienti, gli ecosistemi e tutto il mondo naturale al rango di "ambiente dell'uomo", o "risorse" a nostra disposizione. *Oggi invece sappiamo che l'uomo non è nella posizione di "abitante di una casa", ma è come un gruppo di cellule di un Organismo (l'Ecosistema globale), da cui dipende totalmente: questa posizione della nostra specie deve ancora essere recepita da tutte le istituzioni.*

L'unico "sviluppo" che può durare a tempo indefinito è uno sviluppo non-materiale.

Non si è mai tenuto come valore etico il mantenimento in condizioni vitali della Biosfera terrestre, oppure degli ecosistemi di cui un processo fa parte. Non si è neppure considerato il danno, se non in tempi recentissimi e limitatamente a specie rare, arrecato ad altre specie viventi o a processi naturali. In sostanza, è mancata la percezione della non-separabilità di ogni processo lavorativo umano dall'Ecosistema globale. È invece indispensabile avere sempre presente questa percezione, tenere come primo valore l'etica della Terra.

Le onde gravitazionali e la fisica quantistica

(11 maggio 2016)

Recentemente è stata divulgata una notizia proveniente dal mondo scientifico: – Sono state scoperte le onde gravitazionali, previste da Einstein nella teoria della relatività generale (1916). Un plauso agli studiosi e sperimentatori. Queste scoperte sono sempre interessanti, a condizione di considerarne anche i limiti.

La gravità si propaga attraverso onde, come le altre tre forze dell'Universo, ormai unificate (elettromagnetica – interazione debole – interazione forte).

Strumenti molto sofisticati hanno rilevato le increspature dello spaziotempo originatesi oltre un miliardo di anni fa dalla fusione di due buchi neri, in una galassia distante dalla Terra più di un miliardo di anni-luce. Un evento gravitazionale gigantesco, una distanza immensa, un tempo lunghissimo, piccole onde arrivate ora sulla Terra.

Con le onde, arrivano proprietà come l'interferenza e la diffrazione. Sarà forse un passo verso l'unificazione delle quattro forze, verso una "teoria del Tutto"? Nella teoria e nella ricerca sperimentale, si è ipotizzato che le leggi fisiche siano rimaste invariate per miliardi di anni!

Che garanzie abbiamo su questa ipotesi? Non si vuole ammettere che anche le leggi fisiche possono essere variabili e gli eventi non totalmente prevedibili. Inoltre si vuole continuare a credere, anche in buona fede, che esiste una realtà indipendente e oggettiva che è lì da sempre in attesa di essere finalmente "scoperta".

La relatività e la fisica quantistica non sono mai state integrate in una teoria unica. Già mi vedo il gatto di Schroedinger che miagola/non-miagola in quello scatolone, nella sua situazione di vivo-morto, nel tempo fra la rottura probabilistica (o la non-rottura) della fiala di cianuro e l'apertura della scatola, cioè l'osservazione del fenomeno. Il gatto di Schroedinger non è mai stato "spiegato". La scienza ufficiale ha accettato pienamente la relatività ma non ha ancora "assimilato" completamente la fisica quantistica: lo stesso Einstein l'ha sempre osteggiata.

Con un esempio più macroscopico, dire che le maree sono dovute all'attrazione gravitazionale della Luna è solo un giro di parole, basato su concetti creati appositamente, spesso di natura convenzionale. Nessuno ha mai spiegato veramente come fa l'acqua del mare, né come fanno gli esseri senzienti che vi abitano, ad accorgersi che la Luna sta passando, perché sul piano energetico-materiale questi "legami" non sono spiegabili.

Con ciò non voglio assolutamente negare un paradigma di pensiero molto utile in pratica, e che spesso fornisce un certo tipo di spiegazione del mondo. Non dobbiamo sminuirne la portata, solo constatare gli inevitabili limiti di una impostazione, limiti presenti in qualunque altro paradigma, che deve comunque partire da qualche premessa indimostrabile.

Le apparecchiature sperimentali per rilevare le onde gravitazionali einsteiniane erano state preparate e modificate più volte e da lungo tempo, con grande competenza e abilità da parte degli sperimentatori, ma sempre per rispondere secondo due alternative: "le onde esistono" oppure "non esistono".

La solita domanda binaria, a risposta univoca.

Ma perché non possono esserci riposte intermedie? O variabili? Inoltre, l'ipotesi che le leggi fisiche e le cosiddette costanti universali (velocità della luce, costante di gravitazione, costante di Planck, e così via) restino invariate per miliardi di anni, o per sempre, è una pura speculazione filosofica. Dovremmo lasciar variare anche loro, come tutto il fluire del mondo.

Come sopra accennato, la scienza ufficiale si basa su ipotesi indimostrabili: ad esempio, che le leggi della Natura restino invariate, che il complesso energia-materia sia rimasto costante da sempre, e così via. Per miliardi di anni, quando gli "esperimenti" ci dicono che il valore delle cosiddette "costanti" è rimasto tale per pochi decenni.

La fisica quantistica ammette una logica "SI e contemporaneamente NO", "vuoto e contemporaneamente pieno", e può accettare posizioni non-quantitative e non-meccaniche.

Con l'indeterminazione universale si possono integrare gli opposti vedendoli come complementari e compresenti. Non si tratta di una logica trinaria SI-NO-NON SO ma di una possibilità multipla indeterminata. La cultura occidentale vede tutto spaccato in due: questo è già motivo di ansietà; non solo, ma considera "opposte" le due parti, non le considera due poli indivisibili, due facce della stessa medaglia, due aspetti della stessa cosa. E troppo spesso rifugge dalle ipotesi "intermedie". Potremmo tentare di abolire anche l'antitesi esiste/non-esiste. *Sono qui, da qualche parte* è la scritta posta sulla tomba di Heisenberg, il noto fisico tedesco (1901-1976).

È certamente un omaggio al principio di indeterminazione.

Visioni del mondo vs Ecologia e Natura

(31 marzo 2017)

Quando si parla di ecologia e protezione della Natura, occuparsi di *visioni del mondo* sembra una cosa più astratta, o meno pratica, rispetto a dare consigli sullo smaltimento dei rifiuti o la conservazione delle foreste, ma è soltanto perché parlare di "visioni del mondo" ha effetti a scadenza molto più lunga. Sono però aspetti che toccano molto più in profondità il comportamento e gli atteggiamenti, rispetto ai più immediati consigli pratici di ecologia spicciola.

Riassumiamo qualche fondamento delle conoscenze attuali:

- Né la Terra, né il Sole, né niente altro sono "al centro": gli astri sono tutti ugualmente granelli nel mare dell'Infinito. Non c'è nessun centro di alcun tipo.

- L'umanità è una specie animale comparsa su uno dei tanti pianeti solo tre milioni di anni fa (assumendo come inizio convenzionale l'esistenza della cara bisnonna Lucy), **contro** i tre o quattro miliardi di anni di esistenza della Vita sulla Terra e i quindici miliardi trascorsi dalla presunta nascita dell'Universo, ammesso che il Tutto non sia qualcosa di pulsante ciclicamente da sempre.

Ci vuole una bella presunzione a pensare di "migliorare" ciò che ha impiegato quattro miliardi di anni per divenire ciò che è.

L'umanità fa parte in tutto per tutto della Natura. I fenomeni vitali sono uguali in tutte le specie. *Non siamo alcunché di particolare, né di centrale.*

La cultura occidentale ha solo due o tremila anni, la civiltà industriale ha duecento anni: si tratta di tempi del tutto insignificanti. Anche il concetto di progresso ha una vita brevissima, non più di due o tre secoli. La divisione fra preistoria e storia è solo uno schema mentale della nostra cultura, che serve ad alimentare una certa visione del mondo.

Si usa chiamare "storia" ciò che è accaduto negli ultimi cinquemila anni alla civiltà occidentale e viene liquidata con l'unica etichetta di "preistoria" tutta la Vita della Terra, cioè quattro miliardi di anni e cinquemila culture umane.

• Il funzionamento mentale essenziale, il comportamento, sono in sostanza simili in tutte le specie animali vicine a noi. In gran parte si tratta di fenomeni semi-coscienti.

- La fisica quantistica ha dimostrato l'impossibilità intrinseca di descrivere fenomeni materiali o energetici senza considerare l'osservazione; ciò significa che, senza la mente, la materia-energia è priva di significato, non è in alcun modo descrivibile, è "priva di realtà", è solo una specie di onda di probabilità.

Della fisica meccanicista di Newton resta solo la funzione pratica, anche se nelle nostre scuole di base non c'è traccia del profondo cambiamento avvenuto.

Una forma di "mente" deve essere ovunque, è insita nell'universale, se vogliamo evitare il paradosso dell'"osservatore" che determina la cosiddetta realtà. La distinzione fra spirito e materia cade completamente. Tornano alla memoria il Grande Spirito e lo spirito dell'albero, della Terra, del fiume, del bisonte.

Eppure ancora oggi, per apparire "moderne", tante persone amano definirsi "cartesiane" o "razionali", non sapendo di difendere invece il pensiero dell'Ottocento.

Le idee del filosofo francese sono accettate dalla grande maggioranza delle persone semplicemente perché ciò che respiriamo fin dalla nascita ci appare ovvio, il che significa che non ci appare affatto.

Fra le tantissime "visioni del mondo" presenti nell'umanità è assurdo che esista quella "vera" o "giusta" perché questo costituirebbe una inspiegabile asimmetria.

Pertanto l'idea della "verità" è una caratteristica che discende dalla visione cartesiana del mondo "oggettivo" o "reale" che "è" in un certo modo.

Il concetto di "verità assoluta" e la conseguente necessità di "scoprirla" possono essere assimilati a una gabbia, a un'oppressione. L'universale appare come spirito o come materia, a seconda di cosa si cerca. Come il fisico trova particelle o onde a seconda di cosa cerca, così le culture materialiste trovano materia, le culture animiste trovano spiriti.

Poiché è sparita l'idea di "realtà oggettiva", i concetti di verità e di certezza diventano inutili: con tutto in continuo dinamismo, il concetto di verità tende a coincidere con quello di Natura e quindi, in una visione panteista, con l'idea della divinità.

Non si tratta di una visione statica, di un mondo in cui l'assenza del concetto di "progresso" comporti un modo di vivere immutabile, sempre uguale a sé stesso. In un certo senso, si può paragonare ad un fiume: sembra simile a sé stesso, ma invece scorre, magari anche velocemente.

Nel torrente non ci sono mai due istanti in cui passa la stessa acqua, che è continuamente in movimento. I sassi sono là in mezzo: non vengono aggrediti o spaccati, ma lasciati dove sono.

L'acqua li aggira, passa ugualmente e scende verso il

piano e il mare.

Evoluzione delle Specie: Darwin vs Lamarck e le teorie affossate dalla scienza ufficiale

(19 ottobre 2017)

Le conoscenze sul mondo vivente fino alla fine del Settecento possono essere sintetizzate in questa affermazione del naturalista francese Giorgio Dagoberto Cuvier: *Tot sunt species quot ab initio creavit Infinitum Ens.*, tradotto, "Le specie erano entità ben definite rimaste inalterate fin dal momento della creazione".

Nella cultura occidentale, il primo scienziato a contestare questa affermazione fu il francese Jean Baptiste de Lamarck, che ha formulato in termini scientifici una teoria dell'evoluzione biologica: le specie non sono fisse, ma si trasformano continuamente, ne nascono di nuove, alcune si estinguono.

Ma allora, perché si parla sempre di Darwin, e quasi mai di Lamarck? Il naturalista francese riteneva che l'evoluzione avvenisse attraverso l'ereditarietà dei caratteri acquisiti, fatto poi smentito dalla moderna genetica, mentre Darwin la attribuiva alla lotta per la vita e sopravvivenza del più adatto. Ma questi sono dettagli: resta il fatto che la *Philosophie zoologique* (1809) di Lamarck è stata pubblicata 50 anni prima de *L'origine delle specie* (1859) di Darwin.

Importante era la constatazione che la Vita è unica, le specie si trasformano, non ci sono confini né barriere. I processi vitali sono gli stessi in tutti gli esseri senzienti, i Viventi sono tutti strettamente collegati, l'uomo è un vivente anche facilmente classificabile.

In realtà quello che si vuole difendere è il meccanismo darwiniano della "lotta per la vita e sopravvivenza del più adatto", frase molto gradita alla nascente civiltà industriale dell'Ottocento. Ma, sul piano scientifico, anche questo è un dettaglio. Il fatto importante è che la Vita è un fenomeno unico e noi ne facciamo parte a tutti gli effetti. La differenza fra l'uomo e lo scimpanzé bonobo è inferiore alla differenza fra una rana e una raganella.

L'evoluzione biologica intaccò decisamente l'idea che l'umanità fosse "speciale", "frutto di creazione separata", qualcosa di "staccato dalla Natura".

Tuttavia, quando comparve questa forma di pensiero su base scientifica, si perse un'ottima occasione per una vera svolta culturale. Invece di mettere in evidenza il fatto essenziale, cioè *l'appartenenza della nostra specie alla Natura* e quindi la necessità di seguirne le grandi leggi cicliche, l'evoluzione fu inquadrata in pieno nel meccanicismo imperante.

Ricordo di aver letto, su un quotidiano di circa 40 anni

fa, che uno scienziato aveva tentato una fecondazione *in vitro* fra un gamete umano e uno di scimpanzé: dopo alcuni tentativi, la fecondazione era riuscita e si era sviluppato un embrione, vissuto poche ore, o pochi giorni. Sono contrario alle eccessive manipolazioni fra esseri senzienti, ma questa era una prova della nostra totale appartenenza alla Natura. Non se ne è saputo più niente: forse l'Occidente non poteva sopportare una notizia simile.

Di fatto, al pensiero corrente di maggioranza vengono proposte due alternative:

- "l'evoluzionismo" dovuto a competizione e selezione, *oppure*

- "il creazionismo", rilanciato recentemente soprattutto negli Stati Uniti;

Come se fossero le uniche posizioni possibili e ciascuno dovesse scegliere fra una delle due!

Ci sono molte altre posizioni, le più semplici e chiare sono quelle "non-dualistiche", cioè in cui non c'è bisogno di distinzione fra Dio e la Natura. Non ci sono problemi di "anelli mancanti", ma non possiamo sostenere che tutto sia avvenuto per il "caso e la selezione", attraverso la competizione.

Per passare da un minuscolo cefalocordato a un passerotto con il caso e la selezione, non basterebbero seicento miliardi di anni, invece dei seicento milioni calcolati dalla scienza ufficiale.

Osserviamo un uccellino: pesa 7-8 grammi, ha le ossa alleggerite per renderle adatte al volo, la sua temperatura interna è mantenuta a 40 gradi anche se la temperatura esterna è sotto zero, è una mente attenta a tutto, e così via. Pensarlo come frutto esclusivo del caso e della selezione è assurdo quanto crederlo creato così com'è da un Dio personale ed esterno al mondo.

Ma il materialismo-meccanicismo si presenta come una religione. Il "materialismo nell'evoluzione" e il "creazionismo" sono i due assurdi che propone l'Occidente.

Certamente la Vita è unica, compresa l'umanità, ma non è affatto detto che competizione e selezione siano le uniche molle dell'evoluzione, probabilmente dovuta a cause molteplici, a una specie di creazione continua, un processo immanente nella Natura animata, dove anche la cooperazione gioca un ruolo rilevante.

L'uomo non fa eccezione, è una specie animale, un componente dell'Ecosistema. Dopo quanto sopra detto, c'è proprio da chiedersi come può ancora persistere il dualismo uomo-animale, visto ancora da qualcuno come una contrapposizione, qualcosa di diviso, inconciliabile, diverso.

Neppure la scienza ha mai promosso un'etica che riguardi tutti gli esseri senzienti, o tutte le entità naturali, mentre sappiamo da oltre due secoli che la Vita è unica, che siamo animali, anche facilmente classificabili. La scienza "ufficiale" contraddice le sue stesse conoscenze.

Ora un esempio, un pinguino:

Nel corso del 2007 un pinguino di Magellano, inanellato presso la Terra del Fuoco, è stato ritrovato presso una colonia di pinguini di Humboldt, sulle coste del Perù, cinquemila chilometri più a Nord. Quel pinguino ha nuotato per cinquemila chilometri! La notizia era all'interno di un quotidiano, che nelle prime pagine era pieno delle solite notiziole umane. L'articolo diceva che probabilmente il pinguino "si era perso". Come al solito, la notizia era presentata come una "curiosità" o una cosa "strana". I mezzi di informazione presentano quasi sempre i fatti che manifestano una continuità di comportamento fra la nostra e le altre specie come "incredibili"! È invece perfettamente logico che gli altri esseri senzienti più simili, in particolare mammiferi e uccelli, abbiano comportamenti quasi uguali a quelli umani. Occorre pensare all'"istinto" o all'ipotesi che "si era perso"? Quel pinguino era un viaggiatore, spinto dalla curiosità.

Sostenere che l'uomo ha "l'intelligenza" mentre gli altri animali hanno soltanto "l'istinto" è una palese assurdità, forse ancora oggi sostenuta da qualche istituzione.

Dal paradigma Cartesiano-Newtoniano alla Fisica Quantistica

(16 gennaio 2018)

Sono passati più di quarant'anni dalla pubblicazione de _Il Tao della Fisica_, notissimo libro di Fritjof Capra, in cui si descrivevano le notevoli correlazioni fra la fisica quantistica e le concezioni di molte filosofie orientali, che spesso risalgono a più di duemila anni fa. Dopo qualche anno veniva pubblicato _Il punto di svolta_, dello stesso Autore, in cui si delineava con chiarezza un possibile passaggio dal paradigma chiamato _cartesiano-newtoniano_, in cui sono state inquadrate finora le conoscenze scientifiche, ad un nuovo paradigma battezzato _sistemico-olistico_, basato in gran parte sulla visione del mondo dello scienziato-antropologo-filosofo inglese Gregory Bateson.

Il paradigma cartesiano-newtoniano è il quadro in cui vengono inserite le prime nozioni di fisica insegnate a scuola, senza alcuna premessa a monte: all'inizio si parte con la meccanica, e così resta inquadrata tutta la fisica di base, che è ancora prequantistica. Questo paradigma, oltre che persistere per una sorta di inerzia, è anche utile al sistema che vuole qualcuno che "_fa_", non qualcuno che "*sa*", vuole una scienza che sia soltanto premessa alla tecnologia e non alla conoscenza: è un modo di procedere e insegnare che fa comodo agli industrialisti-sviluppisti, che stanno distruggendo la Vita sulla Terra.

L'Occidente continua ad essere preda dei démoni dell'*avere* e del *fare*, dimenticando spesso il *vivere*, il *conoscere* e l'*essere*.

Le conoscenze attuali rendono insostenibile questo sottofondo di pensiero, ma viene ancora divulgato il paradigma in cui era inquadrata la scienza fino alla fine dell'Ottocento: l'universale è una gigantesca Macchina con l'*optional* del Grande Ingegnere. È composto di altre "macchine" più piccole, ma è sempre di natura materiale, divisibile in parti e manipolabile. Il mondo viene esaminato in modo lineare scomponendo il complesso nel semplice, riducendo il tutto in parti (*riduzionismo*). Fino all'inizio del Novecento, l'universale fisico veniva risolto in "particelle" e"vuoto".

La mente era considerata una specie di prodotto del cervello umano.

Questo paradigma resiste ancora oggi, tanto è vero che spesso la nuova fisica viene chiamata *meccanica quantistica*, mentre si tratta di una *non-meccanica*.

Dal 1900 al 1930, più o meno, sono avvenuti rivolgimenti del pensiero scientifico conseguenti a formulazioni teoriche, sempre confermate, *che hanno falsificato il paradigma cartesiano-newtoniano*: tale modifica è tuttora in corso e procede molto lentamente. Con il vecchio paradigma si continuano a considerare *ovvie* l'impenetrabilità dei corpi (cioè il dualismo *vuoto-pieno*) e la logica "*A non è non-A*". Si pensa che gli atomi siano composti sostanzialmente da alcune particelle fisse o rotanti in un oceano di "vuoto". Si continua a dividere ogni problema, ogni cosa, ogni processo in parti, senza tener conto che qualunque suddivisione risente di qualche pregiudizio e non può essere neutrale e valida universalmente. Le entità non-quantificabili e non-misurabili sono ancora sostanzialmente *negate*.

Vediamo qualche aspetto di possibile transizione al nuovo paradigma:

- L'indeterminazione e la conseguente scomparsa della separazione mente-materia

Nel 1927 il fisico tedesco Werner Heisenberg formulò per la prima volta il *principio di indeterminazione,* poi inquadrato da Niels Bohr nell'*interpretazione di Copenhagen.* È impossibile, anche in linea teorica, separare il fenomeno dall'osservazione. Come dire, è impossibile distinguere la mente dalla materia. Con una concisa estensione, ciò significa che lo psichismo (la *mente*) deve essere ovunque. Gli sviluppi successivi hanno rafforzato la fusione mente-materia estendendola praticamente a tutto l'universale. Quindi non c'è più un ente energia-materia e una mente che lo osserva, ma un Ente ternario Mente-Energia-Materia in continuo mutamento: assomiglia molto all'ente ternario *Brahma–Shiva–Visnù* dell'antica tradizione dell'India. *Shiva*, il danzatore cosmico, è l'Energia che oscilla continuamente fra la Mente (*Brahma*) e la materia "resistente" (*Visnù*).

– Il vuoto quantistico

L'indeterminazione applicata al binomio massa-tempo (o energia-tempo) ha portato a formulare il concetto di vuoto quantistico: non esiste alcuna particella né entità stabile, c'è solo una specie di Vacuità creativa, una danza di energie che continuamente nascono nell'Essere e svaniscono nel Nulla. Il dualismo vuoto-pieno è scomparso: A e non-A possono coesistere.

Questo significa la fine dell'idea che il mondo materiale sia costituito di "particelle" e di "vuoto", concezione che era in sostanza ancora quella di Democrito. Al suo posto è subentrata un'idea di vuoto-pieno pulsante, una Vacuità creativa, del tutto equivalente alla sunyata del Buddhismo.

– L'entanglement (azioni non-locali)

Vediamo un'altra conseguenza della fisica quantistica: le particelle-onde che si separano da un unico punto (cioè hanno avuto qualche contatto) restano indissolubilmente legate, dato che l'"osservazione" anche di una sola di esse influenza istantaneamente il comportamento delle altre, a qualunque distanza si trovino

Questo porta alla considerazione che nulla è separabile nell'Universo e ogni processo (o "oggetto") ha influenza su qualsiasi altro, a qualunque distanza spaziotemporale si trovi. Ciò significa che tutto è collegato a tutto, in modo istantaneo, cioè che non è possibile isolare alcun fenomeno. Questo corrisponde all'affermazione Tutto è Brahman o Tutto è Uno propria della filosofia indù.

– L'evoluzione dei sistemi complessi

Nella seconda metà del Novecento lo studio della dinamica dei sistemi ha portato al concetto di sistema complesso: un sistema con un certo grado di complessità ha una evoluzione non prevedibile, dopo un tempo finito, neanche in termini probabilistici. Nel sistema complesso si manifestano fenomeni mentali (le scelte dopo ogni biforcazione-instabilità).

Tutto questo tocca anche il problema del libero arbitrio. L'idea tradizionale dell'Occidente, propria delle istituzioni religiose nate nell'area medio-orientale e di una corrente della scienza, è che l'uomo sia dotato di libero arbitrio, mentre il resto del mondo naturale (compresi tutti gli altri animali!) sarebbe soggetto alle rigide leggi fisiche. Un'altra corrente della scienza "ottocentesca" (il determinismo) non lascia alcuna libertà a nessuno.

Oggi si tratta di una posizione insostenibile, anche se ancora gradita a molti scienziati meccanicisti. Secondo una corrente attuale del pensiero scientifico-filosofico c'è qualche segno di libertà in tutti i processi naturali: ci sarebbe un po' di libero arbitrio ovunque. Ogni processo, ogni sistema complesso, ha un suo grado di libertà, potendo scegliere la via da prendere ad ogni biforcazione.

"Non danneggiare alcun essere senziente" è uno dei fondamenti del Buddhismo Mahayana: si può intendere come "essere senziente" una unità mentale anche collettiva. Sono dotati di mente un ecosistema, una specie, una collettività di viventi legati da relazioni di reciprocità o simbiosi multipla.

L'unità mentale coincide con l'entità soggetto-oggetto del karma: non si tratta soltanto dell'individuo in senso fisico o meccanicista. La legge del karma assomiglia molto a una via di mezzo fra predestinazione e libero arbitrio: c'è qualche libertà in ogni sistema complesso, però il sistema deve seguire il suo karma, non vi si può sottrarre, è il frutto delle sue azioni.

La scienza ufficiale ha accettato la relatività ma non ha ancora assimilato completamente la fisica quantistica: lo stesso Einstein l'ha sempre rifiutata.

Possono benissimo esserci posizioni intermedie fra i dualismi dell'Occidente, le sue opposizioni irriducibili (mente-materia, Dio-mondo, umanità-animalità, esistenza-non esistenza, vuoto-pieno, ecc.). Inoltre, l'ipotesi che le leggi fisiche e le cosiddette costanti universali (velocità della luce, costante di gravitazione, costante di Planck, e così via) restino invariate per sempre, è una semplice ipotesi non dimostrabile. Dovremmo lasciar variare anche loro, come tutto il fluire del mondo.

Il persistente vecchio paradigma cartesiano-newtoniano ci ha portato all'attuale dramma ecologico e alla distruzione della Vita. Invece il filone di pensiero che abbiamo seguìto ci fa ritrovare in un mondo naturale fatto di entità senza alcun confine preciso, dove si scopre lo spirito dell'albero, della montagna, del torrente.

La specie umana in Natura:
progresso, evoluzione e psicoanalisi

(7 marzo 2018)

Secondo l'idea più diffusa nella cultura occidentale fino all'inizio dell'Ottocento, l'universo era fatto per l'uomo, che era al centro di tutto, era "lo scopo della Creazione". Con un breve *excursus* storico, vediamo come si presenta la situazione con le conoscenze attuali.

Alcuni secoli fa...

.... cioè partendo da Copernico. Con la rivoluzione copernicana il centro dell'Universo è passato dalla Terra al Sole: si tratta del primo passo per mettere in discussione il rapporto uomo-natura, di un timido spostamento dalla posizione centrale. Tuttavia l'esclusiva spirituale della nostra specie non viene ancora minimamente intaccata.

Nell'Ottocento si era ormai affermato il pensiero cartesiano: la corrente principale della biologia considerava gli animali e lo stesso corpo umano come macchine, automi da sezionare in parti sempre più piccole, da smontare pezzo a pezzo per comprenderne il funzionamento. I fenomeni spirituali ed emotivi erano considerati appannaggio del solo essere umano e completamente separati dal corpo, oppure negati.

L'evoluzione biologica, espressa in forma completa nel secolo 19°, intaccò decisamente l'idea che l'umanità fosse "speciale", "frutto di creazione separata", qualcosa di "staccato dalla Natura".

Tuttavia, quando comparve questa forma di pensiero su base scientifica, si perse un'ottima occasione per una vera svolta culturale. Invece di mettere in evidenza il fatto essenziale, cioè *l'appartenenza della nostra specie alla Natura* e quindi la necessità di seguirne le grandi leggi cicliche, l'evoluzione fu inquadrata in pieno nel meccanicismo imperante. L'evoluzione poteva soppiantare ben più a fondo la concezione precedente: ma questo non è avvenuto, o forse non ancora.

L'evoluzione, anziché essere vista come il fatto essenziale e cioè che *noi siamo Natura*, è stata vista come "progresso".

L'uomo restava il vertice dell'evoluzione: il "diritto divino" veniva sostituito con il "merito selettivo" e, dal punto di vista pratico, tutto andava avanti peggio di prima.

Come massimo esponente del pensiero biologico meccanicista, possiamo citare Jacques Monod, uno dei fondatori della biologia molecolare, che negli anni Sessanta del ventesimo secolo così concludeva il suo pensiero: *L'antica **alleanza** è rotta. L'uomo sa finalmente di essere solo nell'immensità indifferente dell'Universo, da cui è emerso per caso. Il suo dovere e il suo destino non sono scritti in nessun luogo. Qui siamo al massimo dell'angoscia metafisica, appena attenuata da una forma di etica della conoscenza. Niente ha un senso.

Perché siamo qui noi, eventi così estremamente improbabili? Per puro caso, anche se il "caso" non ha un significato del tutto chiaro. Secondo Monod, noi siamo qui perché "il nostro numero è uscito sulla ruota di Montecarlo". Ma, in certo senso, l'uomo restava al vertice di una fortunatissima catena di eventi casuali.

Venti anni dopo la pubblicazione de *Il caso e la necessità* di Monod (1965), usciva, quasi con una risposta contenuta nel titolo, *"La Nuova Alleanza"* di Prigogine e Stengers: studiando le "strutture dissipative" o lontane dall'equilibrio, come sono anche i sistemi viventi, si vede una tendenza a strutturarsi, ad auto-organizzarsi. C'è una spinta interiore, un immanente "desiderio" di creare strutture. Nel determinismo biologico non si tiene conto della creatività del caos, dell'indeterminazione creativa delle strutture dissipative, del fatto che c'è una sorta di libero arbitrio, o proto-intelligenza, nell'energia-materia.

Anche il DNA è intrinsecamente indeterminato, così come tutte le influenze ambientali non sono mai identiche, perché basta una differenza infinitamente piccola per provocare divergenze macroscopiche dopo tempi finiti. L'instabilità è creativa e genera differenze. È come dire che la creazione non è un evento preciso del passato, ma un processo continuo. La Natura *é* una Mente, o possiamo anche dire che l'Universo è un Grande Pensiero (*Eddington, Hoyle, Jeans, Bateson*).

Dopo Copernico e Lamarck o Darwin, la specie umana non è più staccata dalla Natura, né al centro dell'Universo; almeno così doveva essere. Ma dopo la rivoluzione di pensiero iniziata da Freud, *l'uomo non è più padrone neanche di sé stesso.* Ci sono in noi forze, pulsioni, spinte di cui non siamo coscienti. Tutto ciò che ci accade o che facciamo risente di eventi che non ricordiamo minimamente. Tuttavia il fondatore della psicoanalisi parlava sempre solo della persona umana come individuo autonomo e definito. Pensava che l'inconscio fosse individuale e cominciasse a "formarsi" alla nascita, o al concepimento.

Solo con la più profonda svolta operata soprattutto da Carl Gustav Jung si comincia a manifestare, anche nella cultura occidentale, l'idea dell'inconscio collettivo, di qualcosa che collega interiormente le varie individualità. Più si va nel profondo, più la psiche si espande, più diventa collettiva e generalizzata, ancestrale o "archetipica"; comprende comunità sempre più ampie, classificazioni animali sempre più vaste, tutta la Vita, probabilmente la Totalità Universale.

Oggi si può parlare di *Inconscio Ecologico*, o di *Grande Inconscio*. Siamo parte integrante del mondo in cui viviamo tanto quanto le marmotte, i fiumi e gli alberi, intessuti dello stesso flusso di mente-energia-materia. Anche nel campo dell'etologia è stata messa in evidenza la non-discontinuità qualitativa fra la nostra specie e le altre specie, come hanno ampiamente dimostrato gli studi di Konrad Lorenz e di molti altri.

Da un'intervista al mensile *Nature* del novembre 1988, tre mesi prima della sua morte, riportiamo queste parole di Lorenz:

Domanda: Una volta lei ha detto di avere paura di un nuovo tipo di uomo circondato solo da cose brutte e tecnologiche. Arriviamo così alla questione della formazione culturale.

Risposta: Se vedo un essere vivente o addirittura una varietà di esseri viventi – per esempio una dafnia, una leptodora e altri tipi di pulci d'acqua – intuisco che sono membri di un unico albero genealogico, che incorporano un divenire. In tal modo mi è possibile un'intuizione dei milioni di anni passati. E questo è un fatto che suscita in me il più profondo rispetto".

D: Rispetto per che cosa?

R: "Per il buon Dio, se vuole".

D: Ma allora lei è un credente...

R: "In un certo senso si è panteisti per natura. Il sistema periodico degli elementi è costituito in modo tale che la vita doveva nascere. Ma non credo nel "buon Dio" e meno ancora nel "Padre dei cieli", non voglio fare parte di una Chiesa ..."

Oggi sappiamo che: Siamo una specie fra le altre specie, parte della Vita, nata tre miliardi di anni fa sul terzo pianeta di una stella di media grandezza lanciata sul braccio esterno di una galassia qualunque, fra miliardi e miliardi di altre galassie. Non siamo al centro di niente, anzi, non esiste nessun centro, di alcun tipo.

Il manifesto – firmato – di una Scienza che non esiste

(1 marzo 2019)

È stato firmato recentemente da alcuni esponenti politici un manifesto che impegna a riconoscere "la Scienza" come un'entità al di sopra delle parti, sempre degna di riverenza da parte di tutte le forze politiche.

C'è però un piccolo problema: la Scienza, così formulata come entità unitaria, non esiste. Esistono diversi paradigmi in cui i singoli scienziati inquadrano le proprie conoscenze. C'è quella che possiamo chiamare "scienza ufficiale": è sostanzialmente la raccolta delle conoscenze che si inquadrano nel paradigma cartesiano-newtoniano, tuttora ritenuto da molti "la verità" malgrado sia stato falsificato più volte. Spesso i *fatti* che non si inquadrano in quel paradigma vengono semplicemente negati.

Pertanto dire di ascoltare "La Scienza" è completamente privo di significato.

Ma al pubblico bisogna continuare a parlare di "certezze", quelle, appunto, della Scienza. Politicanti e giornalisti fanno a gara per continuare a farlo credere (con qualche eccezione).

Qualche esempio:

- Da circa 90 anni sappiamo che la separazione fra mente e materia è stata falsificata (*principio di indeterminazione – fisica quantistica*) e la scienza ufficiale continua a procedere con la spaccatura cartesiana, come se esistesse un mondo materiale "esterno" realmente esistente;

- Si continua a considerare ogni processo come isolato e lineare dopo oltre trent'anni di studi sulla *dinamica dei sistemi*, dove si è visto che nei sistemi complessi è assolutamente impossibile fare alcuna previsione, anche probabilistica, oltre un certo limite di tempo;

- Sono passati più di vent'anni dalla pubblicazione del libro di Ilya Prigogine *La fine delle certezze* ma nessuno ne ha parlato. Tra l'altro, non ci sono certezze assolute neanche nella matematica, come dimostrato dal teorema di incompletezza di Kurt Goedel, formulato nel 1936;

- Si insegna ancora che la materia è costituita da "particelle" e "vuoto" (dualismo *vuoto-pieno*) quando sappiamo che alla base di tutto c'è una sorta di Vacuità creativa (il *vuoto quantistico*) che costituisce l'universale (in modo molto simile alla *sunyata* del Buddhismo);

• Sono passati 200 anni dalla pubblicazione della *Philosophie zoologique* di Lamarck (avvenuta nel 1809: 50 anni prima dell'*Origine delle specie* di Darwin) **e** ancora si continua a mettere in contrapposizione *uomo* e *animale*, come se si trattasse di due cose antitetiche o distinte. Sappiamo da due secoli che *siamo animali*, che facciamo parte della Natura e ancora si continua a torturare animali non-umani senza alcuno scrupolo, soprattutto da parte di molti cosiddetti scienziati: è invece evidente che l'etica deve riguardare tutti gli esseri senzienti.

Lo scienziato inglese Rupert Sheldrake, molto noto nel mondo anglosassone, ha posto in evidenza, nel suo libro *Le illusioni della scienza* (Apogeo Urra, 2013), le premesse che vengono prese come dogmi dalla scienza newtoniana-cartesiana considerata "ufficiale" e divulgata al pubblico come certezza:

• La Natura si comporta come una macchina;

• Il complesso energia-materia è rimasto costante da sempre e per sempre;

• Le leggi della Natura restano invariate;

• La materia non ha alcun genere di coscienza;

• La Natura non ha alcuno scopo, né obiettivo;

• Tutta l'eredità biologica è trasmessa nella materia;

- Tutto ciò che è nella memoria è registrato come tracce materiali;

- La mente è un prodotto soltanto del cervello;

- I fenomeni psichici sono illusioni;

- La medicina materiale meccanicista è l'unica che funziona veramente.

Chi non riconosce queste premesse viene rifiutato, respinto, considerato "non-scientifico", "esoterico", "mistico", alla faccia del metodo scientifico.

Si noti che tutte le conoscenze sopra citate come esempi *provengono dalla scienza stessa*. Se ne deduce che la cosiddetta Scienza, quella venerata da molti politicanti e giornalisti (non tutti) come se fosse un'entità unitaria e un'unica voce infallibile, *non crede più neanche a sé stessa*.

Personalmente sono a favore della Scienza, quella che si è liberata dai dogmi meccanicisti, ma non di quella scienza che si autoproclama **la** *verità* oppure un *assoluto*, che serve a raccogliere le firme di alcuni politicanti, anche di tendenze apparentemente diverse, che fanno finta di litigare fra loro ma che hanno come scopo quello di perpetuare il sistema.

La fisica Quantistica e la Morte

(20 maggio 2019)

Il numero di libri di scienziati che trattano problemi un tempo riservati ai filosofi è in aumento. In particolare, si possono leggere scritti di scienziati che si allontanano sempre più da quel paradigma meccanicista cartesiano-newtoniano che era caratteristico della scienza fino ad alcuni decenni orsono e che costituisce ancora il sottofondo di quella che viene divulgata come l'unica "scienza".

Un esempio è costituito dal libro *"Oltre il biocentrismo"* di *Robert Lanza* con *Bob Berman* (*Il Saggiatore*, 2016).

Non solo la Vita è vista come fenomeno unico, senza discontinuità particolari, ma l'autore si pone domande più profonde esaminando il fenomeno "morte" come interno al fenomeno globale "Vita" e soprattutto vedendo il tutto alla luce della nuova scienza quantistica, in cui nulla è separabile nell'Universo (*entanglement*).

La fusione mente-materia è ormai completa, del dualismo cartesiano non è rimasta quasi nessuna traccia. Dopo l'inizio con *i quanti* di Planck, dopo *l'indeterminazione* di Heisenberg e *l'interpretazione di Copenhagen* di

Niels Bohr, l'aspetto mentale (all'inizio l'*osservazione*) è rimasto indissolubilmente legato alla materia, anche nei successivi studi sulla dinamica dei sistemi complessi, *dove si manifestano fenomeni mentali.*

Come esempio, riporto un brano del libro, che fornisce un'idea di come viene trattato il problema:

"...In verità, significa che esiste una realtà soggiacente l'universo che ne connette tutti i contenuti. In questo luogo non esistono separazioni tra una cosa e l'altra. Questo regno crea degli eventi che si materializzano nello spazio-tempo, nel cosmo fisico osservabile. Proviamo a dirlo in altri termini. La fisica classica non permette connessioni istantanee tra gli oggetti o, almeno, non nell'universo in cui abbiamo sempre immaginato di vivere. Per coprire la distanza tra – poniamo – la Terra e Saturno, alla luce serve più di un'ora, all'astronave migliore servono alcuni anni. È una separazione vera. Tuttavia, allo stesso tempo, questo spazio è parte integrante di un sistema unitario nel quale gli oggetti sulla Terra e su Saturno sono in contatto simultaneo.

Un esperimento dopo l'altro suggeriscono che noi – la coscienza, la mente – creiamo lo spazio e il tempo, e non il contrario. Senza la coscienza, spazio e tempo non sono nulla. Questa coscienza è correlata con gli oggetti del regno spazio-temporale. La conclusione sembra inevitabile: il cosmo è pervaso dal regno della mente, le cui osservazioni fanno sì che gli oggetti si materializzino, assumano una proprietà oppure un'altra o saltino da un posto all'altro senza attraversare al-

cuno spazio intermedio.

È stato detto che questi risultati eludono una comprensione logica. Però si tratta di veri esperimenti, riprodotti ormai così tante volte che nessun fisico li mette in discussione. Come disse una volta il premio Nobel per la fisica Richard Feynman: "Penso che si possa tranquillamente affermare che nessuno capisce la meccanica quantistica. [...] Non continuate a ripetere a voi stessi, se riuscite a evitarlo: "Ma come può essere?", perché finirete intrappolati in un vicolo cieco dal quale, finora, nessuno è sfuggito. Ma il biocentrismo dà un senso a tutto questo, per la prima volta, perché la mente non è secondaria a un universo materiale, bensì è una con esso. Noi siamo più dei nostri singoli corpi, eterni anche al momento della morte. Questo è il preludio indispensabile per l'immortalità.

(Pag. 91 – fine capitolo 8)

Come osservazione, si può notare che il termine "meccanica quantistica" non rende appieno il nuovo paradigma, dato che la fisica quantistica è in realtà una non-meccanica e in questo richiama certamente i fondamenti di molte filosofie di origine orientale. Come ulteriore esempio, nel capitolo 9 è riportata la seguente affermazione di un lontano passato, ma fuori dall'Occidente:

Il Grande Inizio produsse il vuoto, e il vuoto produsse l'universo.

(Liu An, Huainanzi, II secolo a.C.)

Un altro esempio:

"L'anima esiste, a dimostrarlo è la fisica quantistica. Una recente ricerca dei fisici quantistici di fama mondiale Dr Stuart Hameroff e il Dr Sir Roger Penrose dimostrerebbe che l'anima sarebbe costituita da informazioni quantistiche in grado di lasciare il corpo dopo la morte fisica e ritornare nell'Universo.

Ora mi sia consentito qualche commento:

- Il termine *"anima"* è fuorviante, perché in Occidente e nella nostra tradizione significa qualcosa di individuale, permanente, indivisibile. Molto meglio sarebbero parole come *psiche, mente, inconscio,* o simili, senza confini precisi.

- I ragionamenti sopra accennati valgono anche per un orango, un passerotto, un albero, o altri sistemi ad alto grado di complessità; tutto questo non è stato messo nella dovuta evidenza.

Infine si noti la somiglianza di queste idee con quelle riportate da un antico testo indiano:

I fiumi, o caro, scorrono gli orientali verso oriente, gli occidentali verso occidente. Venuti dall'Oceano celeste, essi nell'Oceano tornano e diventano una cosa sola con l'Oceano. Come là giunti non si rammentano di essere questo o quest'altro fiume, proprio così, o caro, i viventi, che sono usciti dall'Essere, non sanno di provenire dall'Essere. Qualunque cosa siano qui sulla Terra – uomo, tigre, leone, lupo, cinghia-le, verme, farfalla – essi continuano la loro esistenza come Tat. Qualunque sia questa essenza sottile, tutto l'Universo è costituito di essa, essa è la vera realtà, essa è l'Atman. Essa sei tu, o Svetaketu.

Chandogya Upanishad, 10° khanda

Recensione de "L'errore Antropocentrico"

(Uomo – Natura – altri viventi)

a cura di Bruno Fedi e Maurizio Corsini

con un'intervista a Dacia Maraini

(2 luglio 2019)

Ventiquattro autori di origine, formazione, storia del tutto diverse. Aspetti filosofici, scientifici, religiosi, etici, giuridici, amatoriali, compassionevoli. Un amore profondo per la Vita. Un filo che lega tutto questo: la difesa ad oltranza di tutti gli esseri senzienti. E un titolo indovinato: *L'errore antropocentrico. (Mimesis Ediz.)*

All'inizio, leggiamo un brano di Ceronetti, che con la sua penna ineguagliabile descrive la tragica fine di alcuni vitellini, trattati peggio di "cose", portati al macello di Torino, fra muggiti, spinte e bastonate.

Poi, l'intervista di Fedi a Dacia Maraini, dove la nota scrittrice difende ancora una volta gli esseri senzienti non-umani. Ecco l'inizio della prima risposta della Maraini:

Il nostro rapporto con gli animali, salvo qualche rara eccezione, è basato sulla crudeltà, l'arroganza, il razzismo e l'egoismo più repellente. Gli animali contano solo in quanto possono esserci utili. Appena smettono di esserci vantaggiosi, li sterminiamo. Alcune persone sensibili amano i propri animali domestici, ma si limitano a quello. Non riflettono su come alleviamo, nutriamo, uccidiamo gli animali in genere.

Nella Prefazione di Mario Salomone, leggiamo:

Come il lettore potrà meglio vedere dai numerosi contributi qui pubblicati, la storia umana si intreccia da almeno qualche centinaio di migliaia di anni con il mondo animale da cui ogni essere umano viene e cui a tutti gli effetti appartiene. Inutile staccarsene con l'artificio linguistico di chiamare "animali" solo gli animali non umani.

Conosciamo da due secoli l'evoluzione biologica (da *Lamarck*, 50 anni prima di *Darwin*), sappiamo che non vi è alcuna discontinuità fra la nostra specie e le altre, ma una gran parte del mondo scientifico non se n'è ancora accorta. Continua ad approvare la vivisezione e la relativa sperimentazione farmacologica come se gli altri animali avessero una natura diversa: questi "scienziati" (?) non fanno alcuna considerazione etica. Ma la Scienza come entità unica non esiste, esiste una scienza diversa per ognuno. Solo come esempio, lo scienziato italiano *Stefano Mancuso* e l'olandese *Peter Wohlleben* hanno ampiamente dimostrato che le piante comunicano fra loro e molto probabilmente provano emozioni, ma la scienza ufficiale materialista non se n'è ancora accorta. In ogni caso, c'è una Scienza che confina con la Filosofia e porta notevoli contributi al pensiero umano, e c'è una scienza che confina con la tecnologia, che pensa solo alle applicazioni ed è destinata a diventare quasi subito schiava dell'industria.

Quest'ultima accetta di portare sofferenze incredibili ad esseri che conosce come altamente senzienti e coscienti. Si può dire che la scienza non crede più neanche a sé stessa.

Come se non bastasse, nel libro ci sono ampie dimostrazioni che la sperimentazione animale, fonte di sofferenze incredibili, non ottiene in realtà alcuno scopo, perché i risultati non sono trasferibili da una specie all'altra.

Sono anche interessanti i capitoli sul randagismo e sulla caccia, che andrebbe abolita completamente come fenomeno assurdo ed estremamente dannoso.

Sono poi descritti gli orrori e gli errori degli allevamenti intensivi, fonte di sofferenza e di gravissimo impatto sulla Terra e sui cicli della Vita. Non ci devono essere allevamenti, ma solo forme di simbiosi.

In Cina hanno iniziato a "funzionare" allevamenti di maiali stipati in edifici a molti piani, specie di piccoli grattacieli: ma in Italia la situazione non è migliore. I rifornimenti e gli smaltimenti di queste strutture alterano ogni ciclo in modo allucinante. Tutto questo in nome della competizione economica e del cosiddetto "libero mercato", tanto caro agli economicisti-industrialisti-sviluppisti che stanno distruggendo la Vita.

La differenza genetica e comportamentale che ci separa da bonobo, scimpanzé, oranghi e gorilla è minima, perciò dovremmo alimentarci come loro, più o meno. Molta frutta, vegetali e forse qualche prodotto derivato da simbiosi con altri esseri senzienti. La carne è in gran parte dannosa al nostro fisico.

Inoltre il "ciclo della carne" è deleterio sul piano ecologico: foreste distrutte, pesticidi e fitofarmaci per produrre i mangimi, immensi consumi di acqua, gran parte dell'energia dissipata. Secoli fa soprattutto i ricchi e i nobili mangiavano carne, e morivano di gotta fra notevoli sofferenze. Facevano meno danni soltanto perché la popolazione umana nel mondo era 10-20 volte inferiore a quella attuale.

Nel libro ci sono poi interessanti considerazioni sull'etologia di molti esseri senzienti e sulla natura della coscienza. Le emozioni degli altri animali sono ormai ampiamente dimostrate in tutti i campi.

Non viene dimenticato il piano giuridico, riferito soprattutto alla legislazione italiana.

Gli animali non sono più *res nullius* ma *res communitatis* e questo è già un piccolo miglioramento, ma chiamarli ancora *res (cosa)* è scandaloso. Hanno la nostra stessa natura e sono chiamati **cose**! Qualche eccezione riguarda gli animali "di qualcuno", quindi il riferimento umano è sempre presente. Comunque, sul piano giuridico, in tempi recenti è stato introdotto qualche piccolo miglioramento.

Troviamo poi un interessante capitolo sul grande valore del suolo vivente per tutti i processi presenti sul Pianeta, anch'esso vivente, e forse senziente.

Il capitolo sull'Ecologia Profonda cerca di sintetizzare

la visione del mondo del filosofo norvegese Arne Naess, considerato il fondatore in Occidente di questa corrente di pensiero. Una sua citazione:

Riferire tutti i giudizi di valore all'umanità è una forma di antropocentrismo filosoficamente indifendibile.

Dopo la famosa Enciclica *Laudato Sì* (2015), sulla quale si erano riposte tante speranze, c'è stata una notevole delusione. Quasi nessun organo della Chiesa ne ha più parlato: nessun segno reale di modifica delle posizioni tradizionali. Nell'Enciclica si parla di *attenuazione* dell'antropocentrismo (che resta comunque notevole), ma c'è ancora una decisa condanna del controllo delle nascite (punto 50) e del Biocentrismo (punti 90 e 118).

La Chiesa non parla delle sofferenze inflitte a miliardi di esseri senzienti. Se la sofferenza "torna indietro" (la legge del *karma*) non so proprio cosa debba attendersi la civiltà industriale o, forse, tutto l'Occidente.

Qual è la causa alla radice di tutto quanto abbiamo detto sopra?

È appunto *l'errore antropocentrico.*

Parte Seconda

L'ECOLOGIA

"L'unico introito legittimo di energia del nostro pianeta è costituito dall'irraggiamento solare, e ogni crescita economica che consumi più energia di quella che riceviamo dal sole, irretisce l'economia mondiale in una spirale debitoria, che ci consegnerà a un creditore spietato..."

Konrad Lorenz

Il Creditore Spietato, evocato da Lorenz, non è un fantasma del futuro. Si presenta ogni giorno, e ogni sua apparizione è una rapina: si porta via della vita vivente, ma ci lascerà fino all'ultimo lo sviluppo.

Guido Ceronetti

La questione ambientale non è la conseguenza dell'aumento dell'entropia dei materiali, come descritto da Georgescu-Roegen e neppure dell'esaurimento delle risorse preconizzato dal Club di Roma; essa deriva, invece, dal fatto che disponiamo di troppa energia, e questo causa una continua accelerazione dei processi industriali, aumento dell'inquinamento, eutrofizzazione, effetto serra, e la conseguenza è il disarticolamento della biosfera.

Sandro Pignatti e Bruno Trezza, *Assalto al pianeta*, Ed. Bollati Boringhieri, 2000

L'Occidente è una nave che sta colando a picco, la cui falla è ignorata da tutti. Ma tutti si danno molto da fare per rendere il viaggio più confortevole.

Emanuele Severino

La crescita perpetua è il credo della cellula cancerosa.

Edward Abbey

L'ideologia industriale è alle corde. Il tragico ecologico l'ha sconfitta.

Guido Ceronetti

Il periodo di rapida crescita della popolazione e dell'industria prevalso negli ultimi secoli, invece di venir considerato come condizione naturale e capace di durare indefinitamente, apparirà come una delle fasi più anormali nella storia dell'umanità.

Adriano Buzzati Traverso

In contrasto con la concezione meccanicistica cartesiana del mondo, la visione del mondo che emerge dalla fisica moderna può essere caratterizzata con parole come organica, olistica ed ecologica. Essa potrebbe essere designata anche come una visione sistemica, nel senso della teoria generale dei sistemi. L'universo non è visto più come una macchina composta da una moltitudine di oggetti, ma deve essere raffigurato come un tutto indivisibile, dinamico, le cui parti sono essenzialmente interconnesse e possono essere intese solo come strutture di un processo cosmico. Fritjof Capra, *Il punto di svolta*, Ed. Feltrinelli, 1984

Riferire tutti i giudizi di valore all'umanità è una forma di antropocentrismo filosoficamente indifendibile.

Arne Naess

L' Ecologia Profonda

(26 aprile 2013)

Anche se le schematizzazioni sono sempre riduttive, adottiamo la distinzione del filosofo norvegese Arne Naess, dividendo il pensiero ecologista in due categorie:

- *l'ecologia di superficie*, quella più diffusa, che ha per scopo la diminuzione degli inquinamenti e la salvezza di alcuni ambienti naturali, senza intaccare la visione del mondo della cultura occidentale;

- *l'ecologia profonda*, in cui vengono modificate radicalmente le concezioni filosofiche dominanti: in questa forma di pensiero si dà un'importanza metafisica alla Natura, superando il concetto restrittivo e fuorviante di "ambiente dell'uomo". Il fondatore di questa linea di pensiero in Occidente è considerato il filosofo norvegese Arne Naess, tornato alla Terra nel gennaio 2009 all'età di 97 anni.

Non è possibile pensare di salvare il mondo dalla catastrofe ecologica senza modificare le idee di fondo e senza rendersi conto che lo sviluppo economico è un fenomeno impossibile ed è il prodotto di una sola cultura umana in un determinato momento della sua storia.

Ma ricordiamo che l'ecologia profonda – come filosofia di vita – non è nata negli anni Settanta del ventesimo secolo dalle idee di Arne Naess o da qualche movimento di minoranza di oggi: da tremila anni in India, e da tempi ancora più lunghi in tante culture animiste, idee ben diverse da quelle che hanno poi foggiato la civiltà occidentale avevano avuto modo di diffondersi nella mente collettiva, come dimostrano questi pensieri, tratti da antichi testi indiani: "Ogni anima va rispettata e per anima si intende ogni ordine, ogni vitalità che la sostanza possa assumere: il vento è un'anima che si imprime nell'aria, il fiume un'anima che prende l'acqua, la fiaccola un'anima nel fuoco, tutto questo non si deve turbare".

Innanzitutto occorre chiedersi cosa è la mente, o – se volete – l'anima. Da un libro di Fritjof Capra:

Secondo Bateson la mente è una conseguenza necessaria e inevitabile di una certa complessità, la quale ha inizio molto tempo prima che degli organismi viventi sviluppino un cervello e un sistema nervoso superiore. Egli sottolineò anche che caratteristiche mentali sono manifeste non solo in singoli organismi, ma anche in sistemi sociali e in ecosistemi, che la mente è immanente non solo nel corpo ma anche nelle vie e nei messaggi fuori dal corpo. Una mente senza un sistema nervoso? La mente si manifesterebbe in tutti i sistemi che soddisfano certi criteri? La mente sarebbe immanente in vie e messaggi fuori dal corpo? Queste idee erano così nuove per me che, a tutta prima, non riuscii a dar loro un senso. La nozione di mente di Bateson non sembrava aver nulla a che fare con le cose da me associate alla parola "mente". (*Verso una nuova saggezza*, Feltrinelli, 1988).

Gli altri viventi, una foresta, una palude, un termitaio, una specie sono entità dotate di mente: partendo da un altro approccio, già lo psichiatra junghiano James Hillmann (Autore, fra molti altri libri, di *Politica della bellezza* e *Il piacere di pensare*) parlava della nostra immersione nell'Anima del mondo.

E' evidente che si può parlare di mente associata al sistema totale, ovvero a tutta l'Ecosfera: abbiamo così ritrovato l'idea di Gaia già teorizzata da altri scienziati (Lovelock, Margulis, Sheldrake). Qui siamo sempre più lontani dall'idea che la mente sia soltanto "il prodotto" di un sistema nervoso centrale.

Il filone di pensiero cui abbiamo accennato ci dà la speranza di ritrovarci in un mondo che riscopre lo spirito dell'albero, della palude, del torrente.

Ma la mentalità corrente e il mondo ufficiale restano su una posizione "ottocentesca", quella di un universo meccanico in cui solo l'essere umano è dotato di mente-anima e quindi ha diritto a considerazione morale!

In sintesi, ecco i fondamenti dell'Ecologia Profonda:

- La posizione dell'uomo in Natura come specie animale, parte di un Tutto, che è più della somma delle parti;

- Il diritto ad una vita degna e all'autorealizzazione di tutti gli esseri senzienti (animali – piante – esseri col-

lettivi – ecosistemi – Gaia);
– Una visione sistemica-olistica della Terra e di tutti i suoi sottosistemi;
– La spiritualità e sacralità della Natura.
Invece del Dio-Persona distinto dal mondo e giudice delle azioni umane, troviamo il Dio-Natura immanente in tutte le cose, e quindi anche in noi stessi, che ne siamo partecipi. La Divinità osserva sé stessa anche attraverso gli occhi di una marmotta, o di una formica, o l'affascinante e misteriosa sensibilità di un albero.

Economia come dettaglio dell'Ecologia: Speranza o Utopia?

(14 novembre 2013)

Oggi sappiamo che siamo parte dell'Ecosistema globale (Ecosfera) come cellule appartenenti a un Organismo: possiamo vivere bene solo quando l'Ecosfera è in buona salute. L'Ecosfera ha impiegato quattro miliardi di anni per divenire ciò che è, o che è stata fino all'inizio dell'era industriale: è in grado di autoripararsi (*omeostasi*) mantenendo la sua struttura e la sua creatività solo se ha un alto livello di biodiversità. L'energia che fluisce attraverso l'Ecosfera proviene dal Sole, che tiene in vita tutti gli esseri senzienti, in gran parte attraverso il processo ciclico fra la funzione clorofilliana e la respirazione.

L'economia umana dipende dall'Ecosistema. L'economia è un dettaglio dell'ecologia e non viceversa. Non vi può essere una crescita continua dell'economia: si tratta di un fenomeno impossibile. Occorre gestire il transitorio verso una situazione stazionaria con consumi molto inferiori a quelli attuali.

Il numero massimo di umani che la Terra può supportare è limitato. Gli studi più attendibili in proposito danno valori attorno ai due miliardi di individui, come media grossolana in funzione dei consumi e del modo di vivere. Numeri più alti possono persistere solo per tempi molto brevi.

La competizione e il desiderio continuo dei beni materiali non sono caratteristiche universali dell'umanità, ma sono proprie di una particolare cultura umana, anche se sta invadendo tutto il mondo.

Date queste premesse e vista la situazione attuale, cosa si può fare per riportare l'Ecosfera in buona salute?

Innanzitutto, ridurre la popolazione umana: un modo potrebbe essere l'istruzione capillare, l'abolizione del condizionamento delle istituzioni religiose e di quelle forze "economiche" che vogliono ridurre l'umanità a una massa informe di consumatori. Con queste premesse, è probabile che una coppia normale non desideri più di due figli/e. Poiché circa un quinto degli umani non forma coppia, non può avere figli o non li desidera, lentamente l'umanità scenderebbe a un numero accettabile, nel giro di alcuni secoli.

È poi essenziale la diffusione, anche nel linguaggio, di una visione psicofisica del mondo, conforme alle conseguenze della fisica quantistica, abbandonando la visione meccanicista cartesiana-newtoniana, per arrivare a un cambio radicale di paradigma rispetto alle premesse attuali della cultura occidentale.

Anche una drastica diminuzione del consumo di carne è di grande valore, perché la dieta carnivora di un Primate così numeroso come la nostra specie è fonte di gravissimi guai per la Terra. Ad ogni passaggio della catena alimentare, si disperde il 90% dell'energia. Siamo fatti come gorilla, oranghi e scimpanzé, che si alimentano quasi completamente con frutta e verdura. Inoltre è necessaria l'abolizione totale della caccia, che è un pessimo insegnamento, contrario ad ogni morale ed etica della Terra.

Poi si deve garantire una vita degna a tutti gli esseri senzienti, e per questo è necessario preservare molti e vastissimi spazi per gli ecosistemi naturali. Infatti esseri individuali, specie, comunità di viventi ed ecosistemi sono esseri senzienti che hanno diritto ad una vita dignitosa e ad una propria realizzazione. Occorre elaborare un'etica che comprenda tutte le entità naturali, che hanno un valore in sé e non in funzione umana.

Si dovrà praticare l'agricoltura solo in modo biologico e soprattutto con i principi della permacoltura, senza rivoltare il terreno che deve essere preservato; inoltre alimentarsi solo con prodotti locali e nella stagione naturalmente corretta (prodotti locali di stagione).

Per quanto riguarda l'energia, si potrà utilizzare soltanto quella proveniente da pannelli solari termici e la mini-idroelettrica, da impiegare sul posto, rendendo inutili le grandi reti; inoltre coibentare al massimo tutti gli edifici per ridurre i consumi energetici. È opportuno cessare la ricerca e l'estrazione dei combustibili fossili (carbone, metano, petrolio).

Tutti i trasporti saranno ridotti al minimo. I motori a scoppio, di bassissimo rendimento e altamente inquinanti, vanno eliminati: basta con le strade e i trasporti su gomma. Saranno dimenticati e aboliti i grandi impianti industriali, le grandi reti, le grandi istituzioni (multinazionali).

Sarà indispensabile abbandonare completamente: la competizione economica, la globalizzazione, la crescita, il mercato; poi abolire ogni pubblicità commerciale e ogni invito al consumo, anche indiretto. Non esaltare più valori inutili e pericolosi, come la velocità, la competizione e simili. Inoltre è necessario promulgare un corpo di leggi che conferisca valore legale alle strutture e alle funzioni vitali della Terra.

Come sintesi, si promuoverà la ricerca di una cultura di simbiosi con il nostro Pianeta Vivente. Questo sottofondo culturale è molto importante: la prospettiva che pensa solo al benessere della specie umana è sempre un pericolo, come dimostrano chiaramente le religioni, le sette e le ideologie umanistiche, in continuo conflitto fra loro.

Si tratta di utopie? Certamente. Non resta che concludere questo articolo nello stesso modo in cui si chiude il libro *"Assalto al pianeta"* di Pignatti e Trezza (ediz. *Bollati Boringhieri*, 2000): *"rimane soltanto il coraggio dell'utopia."*

Ecologia Profonda
Ultima Chiamata

(6 febbraio 2014)

Come noto, nel 1972 uscì in italiano il rapporto *"I limiti dello sviluppo"* promosso dal Club di Roma, fondato da Aurelio Peccei, che non era un filosofo ambientalista, ma un dirigente italiano.

Si noti che il rapporto del Club di Roma non è mai andato fuori da posizioni antropocentriche, non ha mai fatto considerazioni morali, pure molto importanti dato che stiamo sottraendo lo spazio vitale a tutti gli esseri senzienti (altri animali, vegetali, ecosistemi) e sostituendo in modo massiccio materia inerte a sostanza vivente. Il rapporto non è quindi basato sulle idee dell'Ecologia Profonda. Siamo completamente entro il paradigma cartesiano-newtoniano, anche se con approccio abbastanza sistemico, e non viene avanzato alcun dubbio sulla visione del mondo antropocentrica, allora e tuttora imperante. In quegli anni *"Il punto di svolta"* non era ancora iniziato, e anche oggi, se è in corso, procede con estrema lentezza. Il libro di Fritjof Capra che porta quel titolo, è uscito in italiano dieci anni dopo, nel 1984.

Quindi c'erano tutte le premesse perché il rapporto del Club di Roma potesse essere accettato, esaminato, ascoltato senza lo sforzo di dover effettuare un cambio di paradigma o di rovesciare subito una visione del mondo: sono passati più di quaranta anni, ora è troppo tardi perché si possano evitare eventi traumatici. Così è andata a vuoto *l'ultima chiamata*. Allora la popolazione umana mondiale era la metà di quella attuale, e corrispondeva al massimo considerato ancora accettabile perché il pianeta possa continuare a vivere, cioè a mantenersi in situazione stazionaria: oggi ci troviamo in un transitorio, che non può durare a lungo.

È comunque doveroso più che mai tentare qualcosa, informare il più possibile, ridurre le nascite e i consumi, per rendere l'evento traumatico meno grave.

Inoltre, proprio in quegli anni è stato pubblicato l'articolo di Arne Naess "*The Shallow and the Deep*" che indica convenzionalmente la nascita in Occidente dell'Ecologia Profonda: il filosofo norvegese ha introdotto idee radicali e rivoluzionarie, quasi nuove per l'Occidente e a mio avviso indispensabili per un vero cambio di visione del mondo, cioè per una vera modifica del modo di vivere. Le sue idee riportano la nostra specie all'interno della Natura, dove doveva restare da sempre. Tutto in quegli anni. Una sintesi in italiano del pensiero di Naess si trova nel libro: *Ecosofia* – Ed. RED, 1994.

Inoltre, come dettaglio significativo per l'Italia, proprio negli anni 1973-74 ci furono le "domeniche senza macchine". Insomma, in quei pochi anni, all'inizio degli anni Settanta del secolo scorso, c'è stata, in Italia e in tutto il mondo, l'ultima chiamata della Terra. Nessuno ha risposto.

Dopo alcuni anni dalle domeniche senza macchine, qualche giornalista "spiritoso" scrisse che l'esperimento non fu più ripetuto, anche se i motivi ci sarebbero stati ampiamente, "perché stava per succedere una mezza rivoluzione". Non è vero. Ricordo benissimo quelle domeniche: mio figlio, che allora aveva sette-otto anni, mi ha chiesto ancora per diverso tempo perché non c'erano più giornate belle come quelle, anche se tutte le auto in sosta occupavano comunque spazi inutilmente. In realtà le autorità industrialiste-sviluppiste si erano prese una gran paura, che la gente si accorgesse di quanto era bello un mondo senza automobili.

Attualmente sulla Terra gli umani sono oltre sette miliardi e aumentano di 90 milioni all'anno, scompaiono 100.000 Kmq di foreste all'anno, l'anidride carbonica aumenta di 3 ppm all'anno, si estinguono 30 specie al giorno, la biodiversità si degrada a vista, il consumo di territorio fa registrare cifre vertiginose. Palesemente questi fenomeni, conseguenze inevitabili della crescita economica, non possono continuare ancora a lungo. Quindi la Natura deve cercare di guarire dal suo male, facendo terminare quella forma di pensiero che ha invaso tutto il mondo e lo sta distruggendo. Occorre partire da altre basi, occorre *abbandonare* completamente: la *competizione economica*, la *globalizzazione*, la *crescita*, il *mercato* e la corsa ai *consumi*. È accettabile soltanto uno sviluppo di tipo spirituale-culturale e delle informazioni. Se invece si mantengono le premesse attuali, i problemi del mondo sono chiaramente insolubili.

Recentemente è uscito un libro che riporta una sintesi divulgata, rapida e sintetica della situazione, sempre senza uscire da una visione antropocentrica (*Stephen Emmott – Dieci miliardi. Il mondo dei nostri figli*, Feltrinelli, 2013). Come al solito, l'Autore non è un filosofo ambientalista, ma uno studioso che insegna Scienze computazionali all'Università di Oxford. La popolazione umana ha continuato a crescere anche oltre le previsioni, e continua con andamento esponenziale e un tempo di raddoppio di quaranta anni. Così Emmott ci avverte: il titolo parla di una cifra tonda, dieci miliardi, ma alla fine del secolo dovremmo scrivere 28 miliardi, perché mancano 80 anni, cioè due raddoppi, quindi quattro volte, sette per quattro fa 28, è un conto che sa fare anche un bambino di terza elementare, ma evidentemente non ne sono capaci i soloni che governano il mondo: economisti, politicanti e simili. O forse qualcuno pensa che possa vivere una Terra con 28 miliardi di umani, cioè di un Primate di 80 Kg che pretende anche di mangiare carne?

Il libro di Emmott è fatto di tanti *flash* di estrema chiarezza che riportano la situazione mondiale nei vari campi e ci dicono quali disastri stanno dietro la costruzione di tanti oggetti: tutti dovrebbero leggerlo e meditarlo anche se, come dice l'Autore, nessuno farà niente. Con le cifre in gioco, i problemi del pianeta sono ormai chiaramente insolubili.

Un collasso economico mondiale è divenuta una speranza, o

comunque una necessità inevitabile. I veri catastrofisti sono coloro che pensano che ci sarà "la ripresa" e tutto andrà avanti come prima, cioè che continueremo a sottrarre spazio alla Vita e a distruggere le capacità omeostatiche della Terra, che si basano sulla biodiversità e la complessità delle relazioni fra tutte le entità interessate.

La crescita della popolazione e del processo produrre-vendere-consumare, cioè della produzione e commercio di beni materiali, è chiaramente una grave patologia del Pianeta.

L'errore antropocentrico:
L'uomo al di sopra della Natura

(8 ottobre 2014)

I movimenti che si ispirano a idee ecologiste più profonde di quelle dei mezzi di comunicazione e delle Associazioni ambientaliste (risorse, rifiuti, pulizia, inquinamento, parchi, ecc.) si stanno fortunatamente moltiplicando. Come esempi: l'Ecologia Profonda, La Decrescita Felice, l'Ecopsicologia, il Bioregionalismo, gli studi sulle culture native e sulla mente animale, la critica alla civiltà, la spiritualità al di fuori delle religioni organizzate, e altri.

Alcuni di questi movimenti non riescono a liberarsi completamente da un sottofondo di pensiero che per la civiltà occidentale è più che millenario: l'antropocentrismo. Tutto viene riferito all'uomo come unico depositario di valori.

Dei movimenti sopra citati, l'Ecologia Profonda ha come sottofondo l'ecocentrismo: l'abbandono dell'idea antropocentrica è la sua premessa fondamentale. Degli altri, qualcuno non si occupa in modo particolare del problema o non manifesta una piena consapevolezza di esso.

Secondo la critica alla civiltà, l'umanità dei raccoglitori-cacciatori si vedeva spontaneamente in una rete interconnessa, lasciando molto spazio vitale per gli altri esseri senzienti. Per quanto riguarda l'Ecopsicologia, l'Inconscio ecologico (che ricorda molto l'Inconscio collettivo di Jung) comprende l'umanità e la pone all'interno della comunità dei Viventi. Questi due movimenti sono quindi ben consapevoli della necessità di una critica profonda alle idee correnti sull'argomento.

Se ci riferiamo a istituzioni, documenti ufficiali o istanze di tipo politico, l'antropocentrismo è sempre presente, anzi è considerato *ovvio*. L'umanità viene posta al di sopra e al di fuori del mondo della Natura.

Anche in documenti con intenzioni filo-ecologiste, si parla di "patrimonio dell'umanità", non soltanto per qualcosa come le piramidi d'Egitto o un'opera d'arte, ma per le Dolomiti o il Grand Canyon del Colorado, che sono lì da centinaia di milioni di anni. Anche tenere in buono stato il mondo "per le generazioni future" o considerare la Natura come "patrimonio di tutti" sono idee antropocentriche.

È noto alla scienza, fin dai tempi di Lamarck, cioè da un paio di secoli, che l'uomo è una specie animale a tutti gli effetti, anche facilmente classificabile: Classe Mammiferi, Ordine Primati. La nostra specie partecipa completamente della vita del complesso ecosistemico, le nostre funzioni cellulari e fisiologiche sono le stesse degli altri mammiferi, anche il comportamento non presenta particolari eccezionalità qualitative. Gli altri animali, in particolare Mammiferi e Uccelli, soffrono, amano, ragionano, curano la prole, hanno una vita sociale strutturata, trasmettono cultura.

Forse qualche istituzione vorrebbe ancora far credere che un australopiteco si è svegliato una mattina e si è accorto di avere qualcosa che prima non aveva (l'anima?), oppure che un cucciolo sia improvvisamente nato "umano". E il *Neanderthal*, che ha vissuto con il *Sapiens* in Europa per decine di migliaia di anni, "aveva" o "non aveva" l'anima? Spero che non si raccontino più simili amenità.

Le differenze genetiche fra un umano e uno scimpanzé bonobo sono dell'ordine dell'1%. Tuttavia la scienza "ufficiale" riduzionista-materialista-cartesiana dimentica le sue stesse conoscenze: per non dover parlare di rispetto per la Vita ed evitare le conseguenze sull'etica, ha sostituito il precedente "diritto divino" con una specie di "merito selettivo" ed ha non solo legittimato e continuato l'opera di sfruttamento del mondo naturale e di sterminio dei viventi, ma anche giustificato "esperimenti" che comportano terribili sofferenze a tanti esseri senzienti.

Un ottimo articolo di Mary Roach (Almost Human: National Geographic, aprile 2008), riporta frasi come questa: *"E' impossibile trascorrere qualche tempo con gli scimpanzé e non restare colpiti dalla constatazione di quanto sono simili a noi"*. Ancora dal National Geographic, ottobre 2010, ecco un'affermazione di Jane Goodall: "È impossibile vivere insieme a qualsiasi animale con un cervello sviluppato senza rendersi conto che ogni animale ha una personalità".

Siamo immersi nell'Anima del Mondo o, se preferite, nell'Inconscio collettivo, nell'Inconscio ecologico: noi siamo la Terra! Questo è uno degli approcci soprattutto dell'Ecopsicologia. Siamo la parte più "cosciente" della Terra, non c'è alcun distacco uomo-Natura. La repressione dell'inconscio ecologico è la radice profonda del male insito nella società industriale. Ritrovare l'accesso verso l'inconscio ecologico vuol dire ritrovare la via verso la salute psicofisica dell'individuo, della società e dell'ecosistema.

È necessario emancipare l'ecologia da semplice branca della biologia dalla quale è nata a una scienza delle relazioni e dell'insieme.

Siamo parte integrante del mondo in cui viviamo tanto quanto i fiumi e gli alberi, intessuti dello stesso intricato flusso di materia-energia-mente. Non ci sono discontinuità: anche i vegetali partecipano alla Mente Estesa, sentono le emozioni, sono collegati alla Vita.

Se non usciamo dall' antropocentrismo, così radicato nella cultura occidentale e nella filosofia di fondo del pensiero di derivazione giudaico-cristiana-islamica, tutti i tentativi di reintegrazione nel mondo naturale sono destinati a fallire: sarà ben difficile ottenere la fine del mito della crescita continuando a pensare che tutto è fatto per l'uomo. Se insisteremo in quell'idea di fondo, sarà l'Ecosistema totale a provvedere a un ridimensionamento della nostra specie, probabilmente con un transitorio poco piacevole.

La visione ideologica che ci fa credere unici e inconfondibili fra tutti gli altri esseri viventi sul pianeta, è solo un delirio di grandezza.

Il "Manifesto per la Terra": principi d'azione

(5 gennaio 2015)

Nell'anno 2004 è stato redatto, per opera di un gruppo di studiosi canadesi e in particolare di Ted Mosquin e Stan Rowe, un "Manifesto" che elenca i fondamenti di quella che viene definita un'Etica Ecocentrica. Il Manifesto ha fatto seguito alla Piattaforma dell'Ecologia Profonda, in otto punti, elencati da Arne Naess e George Sessions negli anni Novanta del secolo scorso.

È opportuno notare che i movimenti di pensiero di questo tipo, presenti nel mondo anglosassone sia pure con seguito numerico modesto, sono quasi assenti in Italia. Come dato positivo, ricordo comunque che i libri e i siti presenti in italiano sono quasi tutti successivi all'anno 2000: si tratta quindi di un movimento nascente ma con interesse in aumento. Riporto di seguito i punti salienti del *Manifesto per la Terra*, che consiste in una premessa e nella successiva esposizione di undici principi, sei di base e cinque di azione. Il Manifesto e gli otto Principi sono facilmente reperibili sul sito www.ecospherics.net. Ecco una sintesi del contenuto:

L'esperimento dell'umanità, vecchio di diecimila anni, di adottare un modo di vita a spese della Natura e che ha

il suo culmine nella globalizzazione economica, è fallito. La ragione di questo fallimento è che abbiamo messo
l'importanza della nostra specie al di sopra di tutto il
resto, abbiamo considerato la Terra e i suoi ecosistemi
soltanto come risorse che servono i nostri bisogni e desideri.

Molti si rivolgono a fedi o credenze che tolgono ogni
importanza a questo mondo e non si rendono conto in
senso profondo che siamo generati dalla Terra e soste-
nuti da essa durante tutta la vita. Nella cultura industriale oggi dominante, la Terra-come-madre non è una
percezione di per sé evidente. Pochi si soffermano gior-
nalmente a considerare con un senso di meraviglia la
fonte da cui siamo venuti e verso la quale alla fine tutti
ritorneremo. Poiché noi siamo un prodotto della Terra,
l'armonia delle sue terre, mari, cielo e dei suoi innumerevoli bellissimi organismi porta ricchi significati rara-
mente compresi.

Se non viene riconosciuto che l'Ecosfera è l'indispensabile substrato comune di tutte le attività, la gente
continuerà a mettere al primo posto il proprio interesse
economico immediato. Senza una prospettiva ecocentrica che mantenga saldamente valori e scopi in una realtà ben più grande di quella della nostra sola specie,
la risoluzione dei conflitti politici, economici e religiosi
sarà impossibile. Se la ristretta focalizzazione sulle comunità umane non viene ampliata fino a comprendere la
vita degli ecosistemi, i programmi per modi di vivere in
buona salute sono destinati a fallire.

Un sentimento di fiducia verso l'Ecosfera, un'empatia spirituale ed estetica con la Natura di cui siamo parte, un sentimento di riverente meraviglia per il miracolo della Terra Vivente e le sue misteriose armonie, sono la base indispensabile di ogni vera rivoluzione spirituale e di vita.

La recente conoscenza profonda che l'Ecosfera è il valore più grande è derivata dagli studi cosmologici, dall'ipotesi *Gaia* e specialmente dalla comprensione dell'ecologia. La realtà centrale per gli organismi – circa 25 milioni di specie – è che sono tutti Figli della Terra. Nessuno esisterebbe senza il pianeta Terra.

Ciò che chiamiamo Vita, che costituisce un mistero e un miracolo, è inseparabile dalla storia evolutiva della Terra, dalla sua composizione e dai suoi processi. Perciò la priorità etica deve spostarsi dall'umanità alla Terra, che la comprende e ne consente l'esistenza.

I "Principi di base" del Manifesto sono:

- L'Ecosfera è il centro di valore per l'umanità.
- La creatività degli ecosistemi della Terra dipende dalla loro integrità.
- La visione del mondo centrata sulla Terra è confermata dalla Storia Naturale.
- Un'Etica ecocentrica si basa sulla consapevolezza del nostro posto in Natura.
- La visione ecocentrica dà valore alla diversità degli ecosistemi e delle culture.
- Un'Etica ecocentrica supporta la giustizia sociale

I "Principi di Azione" sono:

- Difendi e preserva il potenziale creativo della Terra.
- Riduci la dimensione della popolazione umana.
- Riduci il consumo umano di parti della Terra.
- Promuovi un modo di governare ecocentrico.
- Diffondi il messaggio.

Di questi punti, uno dei più difficili è la riduzione della popolazione umana, ma l'unico modo etico e auspicabile è quello della consapevolezza e dell'istruzione: è presumibile che una coppia libera da condizionamenti di istituzioni religiose o di autorità industrialiste-sviluppiste non desideri più di due figli. Poiché mediamente un quinto dell'umanità non forma coppia o non vuole figli, l'umanità diminuirebbe fino a valori accettabili nel giro di alcuni secoli.

Altro punto importante à l'ultimo: cosa possono fare in pratica l'individuo singolo, o i piccoli gruppi? Parlare, spiegare, gettare un seme, che ogni tanto germoglia. Coloro che sono d'accordo con i principi elencati li diffonderanno fra i conoscenti e con l'istruzione. Il compito iniziale più urgente è far prendere coscienza a tutti della loro dipendenza funzionale dagli ecosistemi della Terra e dei legami con tutte le altre specie. La prospettiva attuale, che guarda solo l'umano, è sempre un pericolo, come dimostrano chiaramente le religioni e le ideologie umanistiche, in continuo conflitto fra loro.

Quale posizione occupa l'uomo in Natura?

(29 maggio 2015)

La cultura occidentale considera l'umanità come "al di fuori" e "al di sopra" del resto della Natura, anche se sappiamo da circa due secoli che ne facciamo parte a tutti gli effetti. Il pensiero generale e il sentire corrente sono ancora dominati dall'idea che solo gli umani sono degni di considerazioni morali, al punto che tanti non se ne rendono neanche conto perché considerano ovvia la visione del mondo di maggioranza della cultura in cui sono nati. Con queste conseguenze:

– Si pensa che le uniche attività degne di attenzione siano quelle "per il benessere dell'uomo" senza accorgersi che, essendo la nostra specie nella posizione di un tipo di cellule in un Organismo, il nostro benessere coincide con la buona salute dell'Organismo, cioè della Terra;

– Ne consegue l'ossessionante primato dato alle questioni economiche, al denaro, al mercato e a tutte le amenità da cui siamo bombardati quotidianamente. Non ci si chiede neppure se questo sia davvero *benessere*, anche solo per gli umani;

- Non c'è alcuna considerazione per la Vita in sé, se non in quanto utile alla nostra specie o, nella migliore delle ipotesi, perché serve alla sua ricreazione. Gli altri esseri senzienti, i prati, le paludi, le foreste e addirittura tutto l'Oceano sono considerati "risorse";

- Per piccoli presunti vantaggi "umani" si tengono comportamenti che distruggono la Vita come complesso, ritenuta "al di fuori": si ignora la rete di relazioni di cui siamo parte insieme a tutti gli altri viventi e a tutte le entità organiche/inorganiche che ne fanno parte.

L'ossessione per lo sviluppo economico proviene da queste idee di fondo.

Comunque è probabile che le sofferenze apportate alla Vita debbano essere ripagate e che quindi ci si debba attendere un "ritorno" ad opera delle forze sistemiche, o, se preferite, ad opera della legge del *karma* (*).

Per usare le parole di Bateson: *"La carenza di saggezza sistemica è sempre punita"*.

Noi crediamo di sapere quasi tutto della Natura. Invece abbiamo trascurato di considerare la presenza di una dimensione spirituale che è presente in ogni ente naturale: umano-animale, vegetale, minerale, acqua ed aria comprese, con le montagne, le foreste, i torrenti e le paludi.

In realtà la visione ideologica che ci fa credere unici e diversi cioè inconfondibili e migliori di tutti gli altri esseri viventi sul pianeta, è solo un curioso delirio di grandezza.

Anche la scienza, che conosce la nostra posizione in Natura, non fa niente. Anzi, con le sue premesse essenzialmente materialiste, contribuisce in pratica al degrado del Complesso dei Viventi: solo di recente si è manifestata qualche tendenza in direzione diversa. Si tratta di piccole minoranze, anche se in fase di aumento.

Per concludere, un pensiero di Konrad Lorenz:

"L'idea che l'uomo sia sin dall'inizio dei tempi la meta prestabilita di ogni evoluzione naturale mi sembra il paradigma della cieca superbia che precede la caduta. Se dovessi credere che un Dio onnipotente ha creato intenzionalmente l'uomo attuale così com'è rappresentato dall'esponente medio della nostra specie, allora sì che dubiterei dell'esistenza di Dio."

(*) Il termine sanscrito *karma* significa "la conseguenza dell'azione": la legge del *karma* ci dice che ogni azione, anche mentale, avrà una conseguenza sull'entità che la compie.

L'Enciclica di Papa Francesco sull'Ecologia

(21 agosto 2015)

L'Enciclica *"Laudato Sì"* di Papa Francesco, del giugno 2015, è un documento della massima importanza sia per l'Autorità da cui proviene sia per le novità che contiene rispetto a tutto l'insegnamento passato della Chiesa Cattolica.

Infatti San Francesco, cui chiaramente si ispira, è rimasto un'eccezione in tutta la storia della Chiesa: ci sono state alcune altre voci simili in campo cattolico, ma sono state pochissime e non così chiare. Non sono certamente mancate invece le affermazioni di stampo opposto, di estremo distacco o addirittura di demonizzazione del mondo naturale.

Le novità principali:

- Un implicito riconoscimento della differenza fra ecologia di superficie ed Ecologia profonda, con una ammissione della spiritualità della Natura;

- Il riconoscimento, anche se parziale, del valore in sé degli altri esseri senzienti, almeno nel mondo animale (spesso vi sono inclusi anche gli ecosistemi e il mondo vegetale);

- Alcuni importanti accenni a una visione sistemica-olistica di tutti i processi e all'interconnessione fra tutti i fenomeni e tutti gli esseri viventi;

- Una decisa contrarietà al primato dell'economia e quindi ai fondamenti della civiltà industriale;

- Il riconoscimento della necessità di passare a una decrescita dell'economia, almeno in gran parte del mondo. E' usata esplicitamente la parola "decrescita", demonizzata da tutto il mondo politico-economico-sindacale-sociale;

- Una chiara e decisa esortazione a cessare l'estrazione e l'impiego dei combustibili fossili (carbone, petrolio, metano, visti come fonte di guai).

I punti negativi:

- Avere negato ancora una volta la necessità di un immediato controllo delle nascite, ignorando le voci scientifiche anche interne alla Chiesa, mentre l'eccesso di popolazione umana è la causa prima della distruzione della Natura;

- Avere conservato una posizione antropocentrica, anche se attenuata rispetto al passato della Chiesa: ha nominato la Terra come "la nostra casa";

- Avere esplicitato la contrarietà della Chiesa al biocentrismo, senza neppure nominare l'Ecocentrismo: Non è mai arrivato a citare il "Manifesto per la

Terra" di Mosquin e Rowe (ecocentrico: anno 2004) mentre si è limitato ad accettare la "Carta della Terra" (L'Aja, 2000), di impostazione ancora antropocentrica. È spesso scivolato in un linguaggio soltanto sociale.

Forse non si poteva pretendere di più da un Papa, dopo duemila anni di discorsi così diversi da parte della Chiesa!

Al termine della lettura dell'Enciclica, al di là dei riferimenti al Dio personale ed esterno al mondo e a diversi passi biblici, inevitabili in un documento con questa origine e questo Autore, resta la netta impressione che non si tratta di una semplice raccomandazione ad adottare un'economia "green" e continuare tutto come prima.

Si ha invece l'impressione che Papa Francesco si renda perfettamente conto che bisogna gestire la fine della civiltà industriale sempre-crescente e il passaggio a una visione del mondo ben diversa.

Si oppone decisamente al pensiero e all'azione degli industrialisti-sviluppisti ad oltranza, il cui paradigma è visto come causa di guai. Riconosce inoltre chiaramente che bisogna "calmare" molto le cosiddette esigenze dell'economia, o meglio è necessario modificarne l'impostazione alla radice.

Altro fatto di grande rilevanza: riconosce un valore "metafisico" agli altri esseri senzienti e talvolta anche a tutte le entità naturali, su cui fa anche notevoli considerazioni etiche, da cui erano di fatto rimaste escluse in tutto l'Occidente.

Tuttavia il documento resta antropocentrico, l'uomo è ancora "diverso", è un custode di tutti gli altri esseri e di tutto quello che lo circonda. L'antropocentrismo della Chiesa e di tutta la cultura occidentale ne risulta attenuato, ma è ancora ben presente. Del resto non si poteva pretendere che facesse ulteriori passi verso qualche forma di animismo-panteismo, che, nella sua versione più completa, comporterebbe l'inutilità degli intermediari con il Divino, cioè un autolicenziamento della Chiesa.

Ma l'aspetto negativo più evidente è l'avere affermato esplicitamente che l'eccesso di popolazione umana non contribuisce alla disastrosa situazione della Terra, quindi non avere riconosciuto che la mostruosa crescita demografica tuttora in atto (80-90 milioni in più ogni anno) è una delle cause prime dell'aggravarsi della situazione del Pianeta.

Anche se ha fatto qualche cenno alla necessità di ragionamenti sistemici-olistici nello studio di molti problemi globali, ha ignorato i pochi studi seri sul numero di umani che la Terra può supportare in situazione vitale: il numero massimo ottenuto in questi studi, in funzione dell'alimentazione e dei consumi, oscilla attorno a 3-4 miliardi, e già oggi abbiamo superato largamente i sette miliardi!

Un dato semplice: Quando abbiamo iniziato ad estrarre e utilizzare i combustibili fossili, eravamo circa un miliardo (argomento riportato nel Manifesto per la Terra del 2004). Su questo punto avrebbe potuto fare qualche passo in più anche senza compromettere questioni dottrinarie o filosofiche. Non c'è il minimo accenno alla necessità di un controllo delle nascite!

C'è qualche speranza in una prossima Enciclica? Se ci sarà il tempo, ma ne dubito molto.

Ecosofia: un'alternativa
per il pianeta Terra

(21 dicembre 2015)

La consapevolezza che l'Ecosfera si trova in una situazione molto grave a causa dell'espansione di un modello culturale umano (la civiltà industriale) sta entrando nella mentalità generale, anche se con molta difficoltà.

I principali problemi della Terra, e quindi anche della nostra specie, sono: la spaventosa sovrappopolazione umana (oltre 7 miliardi) e la sua crescita continua, l'abbattimento delle foreste (100.000 Kmq/anno), l'aumento della CO2 nell'atmosfera (da 280 a 400 ppm in pochi decenni), la distruzione della biovarietà, il consumo di territorio, le immense quantità di rifiuti, e gli altri gravi fenomeni conseguenti.

L'Ecosfera, che può essere considerata come un essere senziente, o anche soltanto come un sistema complesso in evoluzione, dovrà riportarsi comunque in condizioni vitali, o normali. Ogni tanto ci sono in Natura casi anche piccoli di sottosistemi "malati" (ad es. quando si moltiplicano i *lemmings*, o le cavallette): l'ecosistema locale provvede ad un ridimensionamento, di solito eliminando un gran numero degli esemplari più "agitati" della specie che si comporta in modo anomalo. Così dovrà fare l'Ecosfera con la civiltà industriale.

Per rendersi conto di come siamo arrivati alla situazione attuale, vediamo quali sono le visioni del mondo più diffuse oggi nell'umanità.

Ci sono tre religioni (filosoficamente uguali) che in pratica si autoconsiderano "le uniche che contano" e litigano sempre fra loro: i segnali più gravi sono oggi presenti proprio nell'ambito di quelle tre religioni, che hanno tolto il Divino dalla Natura, o tolto l'anima al mondo.

C'è poi un mondo "laico", che di solito crede ciecamente a una scienza meccanicista-materialista ufficiale, che si comporta come una religione e parte da alcuni dogmi, come, ad esempio: che la Natura funziona come una macchina e le sue leggi restano invariate, che la materia non ha alcun genere di coscienza, che la mente è un prodotto soltanto del cervello, che i fenomeni psichici sono illusioni, e alcuni altri.

Come le tre religioni sopra citate, la scienza ufficiale materialista fa il possibile per allontanare ogni idea del divino, del mentale e dello spirituale dal mondo naturale. In pratica, è asservita all'economia, che considera il valore "vero". Le religioni e visioni del mondo di provenienza orientale hanno ormai in pratica poca influenza, ma c'è anche una religione più antica, senza rituali, che non viene mai menzionata, perché considerata "arretrata" o scomparsa: si manifesta in varie forme di animismo-panteismo, che forse erano anche antecedenti alla nostra specie, come si può intuire da queste parole di Jane Goodall:

"Nel profondo della foresta di Gombe c'è una spettacolare cascata. Talvolta, mentre gli scimpanzé si avvicinano e il rombo dell'acqua che cade si fa più intenso, il loro passo si affretta, i peli si rizzano dall'eccitazione. Quando raggiungono il corso d'acqua mettono in atto scene magnifiche, alzandosi in piedi, ondeggiando ritmicamente da un piede all'altro, sbattendo le zampe nell'acqua bassa e in corsa, raccogliendo e lanciando grosse pietre. A volte salgono sulle liane che penzolano dall'alto e fanno l'altalena fra gli spruzzi dell'acqua che cade. Questa "danza della cascata" può durare dieci o quindici minuti, dopodiché può accadere che uno scimpanzé si sieda su una roccia, con gli occhi che seguono il percorso dell'acqua. Che cos'è, quest'acqua? Continua ad arrivare, continua ad allontanarsi, eppure c'è sempre. Probabilmente gli scimpanzé provano un'emozione simile a una meraviglia o ad un riverente rispetto. Se hanno un linguaggio parlato, se possono discutere delle emozioni che innescano queste magnifiche scene, ciò significa che hanno una religione animistica "primitiva".

Torniamo alla situazione di oggi. L'opera alla quale la moderna società industriale si è dedicata, cioè lo sviluppo economico, comporta la sistematica sostituzione del mondo naturale, cioè il mondo reale frutto di tre-quattro miliardi di anni di evoluzione, con un mondo di manufatti umani. Quindi l'Ecosfera dovrà reagire. Come? Ridimensionando la specie "impazzita".

Se dovesse scoppiare una guerra "tradizionale" globale, sarebbe una catastrofe anche per tutto il Pianeta. Siamo stati per 40 anni sull'orlo di un evento simile, ma non è avvenuto. Oggi invece stanno sorgendo fanatismi e contro-fanatismi a pelle di leopardo, in genere nell'ambito delle tre religioni abramitiche e della parte materialista-laica dell'Occidente. La causa è l'antropocentrismo, il pensare solo agli eventi della nostra specie, come fanno le "quattro religioni" sopra citate.

Un piccolo segnale di cambiamento in quel "pensiero unico" si è avuto con l'Enciclica Laudato Sì di Papa Francesco, in cui si trovano importanti accenni al valore in sé degli altri esseri senzienti, a una visione sistemica-olistica di tutti i processi e all'interconnessione fra i fenomeni e tutti gli esseri viventi. C'è inoltre il riconoscimento della necessità di passare a una decrescita dell'economia. L'Enciclica resta un documento antropocentrico, dato che l'uomo è ancora "diverso", è visto come un custode degli altri esseri e di tutto quello che lo circonda. L'antropocentrismo della Chiesa e di tutta la cultura occidentale è ancora ben presente, ma risulta assai attenuato: potrebbe essere un primo passo.

Forse potremmo un giorno arrivare, o ritornare consapevolmente, a un'altra religione, senza rituali: quella che vede, o sente, il Divino nella Natura. L'animismo-panteismo sarebbe una vera alternativa per l'Ecosfera, non una "verniciata di verde" al sistema attuale. Una visione del genere è fornita dall'Ecologia Profonda. *Viene spontaneo chiedersi se sia più materialista una visione del mondo in cui tutto è soltanto materia inerte, tranne una sola specie "privilegiata", o un sottofondo di pensiero in cui qualunque entità naturale evidenzia lo spirito, la mente o l'Anima del mondo.*

L' Ecosofia (Ecologia Profonda) può essere una reale alternativa di pensiero, e quindi di comportamento, perché:

- riconosce il valore intrinseco di ogni entità naturale, vivente e non-vivente, annullando l'attuale strapotere dell'economia e limitando il raggio d'azione dell'industria e della tecnica;

- pratica l'etica della compassione cosmica, capace di apertura universale, mentre l'etica corrente riguarda soltanto l'umano, soprattutto nei Paesi di tradizione giudaico-cristiana-islamica;

- è collaborativa e prevede l'alleanza originaria tra uomo e Natura, con l'attenzione per l'armonia tra tutte le componenti, poiché ogni disarmonia è vista come elemento perturbatore dell'ordine dell'universo.

Il mondo umano deve essere orientato in modo ecocentrico, dato che i processi e i cicli della natura manifestano di per sé una saggezza che può ispirare anche la buona condotta degli umani.

L'Ecologia Profonda
e le "due culture"

(9 marzo 2016)

La distinzione fra le cosiddette "due culture", quella scientifica (matematica, fisica, scienze naturali, derivazioni tecnologiche) e quella umanistica (filosofia, letteratura, psicologia, religione, arte) è dura a morire. Ogni tanto si sente qualche personaggio che si vanta di non sapere cos'è una radice quadrata e qualcuno che considera la filosofia e le opere letterarie come "roba per il tempo libero". L'Ecologia Profonda è al di fuori o al di sopra di questa divisione inutile. Come è noto, l'Ecologia Profonda considera l'umanità come facente parte completamente del mondo naturale e, nella sua versione spiritualista, vede la mente come onnipresente in ogni fenomeno e auspica una vita degna e un'auto-realizzazione per tutti gli esseri senzienti.

Qualche esempio:

Gregory Bateson (1904-1980). Ha iniziato con una laurea in Biologia, per dedicarsi poi all'antropologia (e al particolare aspetto del sacro nelle culture umane), alla filosofia della scienza, alla comunicazione con i delfini, alla psicologia e allo studio della schizofrenia, alla cibernetica, allo studio dell'evoluzione dei sistemi, creando sintesi assai originali e olistiche. Si può considerare uno dei pensatori più profondi ed eclettici e uno dei fondatori dell'Ecologia Profonda.

Fritjof Capra (1939–vivente). Laureato in fisica, ha iniziato come fisico delle alte energie all'Università di Berkeley ed è diventato noto con la pubblicazione del "Tao della Fisica". È partito dall'osservazione che la scienza moderna (relatività – fisica quantistica – dinamica dei sistemi) presenta elementi anche spirituali, in quanto le cosiddette particelle sono concentrazioni di energia in vibrazione piuttosto che entità materiali. Successivamente si è occupato di ecologia e teoria della complessità.

Auspicando un nuovo pensiero di tipo olistico-sistemico e l'avvento di un nuovo paradigma derivante anche dalle filosofie orientali, si pone fra i massimi esponenti viventi dell'Ecologia Profonda. L'essere umano è sempre visto come un filo nella trama della Vita Cosmica, come parte della Natura e mai in contrapposizione ad essa.

Rachel Carson (1907–1964). Biologa e zoologa statunitense, saggista e scrittrice, attivista per la protezione della Natura. I suoi studi hanno riguardato dapprima la scrittura creativa, ma ben presto è passata alla biologia marina. È l'autrice del libro "Primavera silenziosa" che ebbe un grande successo e contribuì fortemente a ridurre l'impiego dei pesticidi e dei fitofarmaci. Ha insegnato zoologia in alcune Università degli Stati Uniti. Anche nel suo libro "Il mare intorno a noi" vi sono notevoli affermazioni proprie dell'Ecologia Profonda.

Jane Goodall (1934–vivente). Ha conseguito la laurea in biologia e antropologia e il dottorato in etologia presso l'Università di Cambridge. La sua ricerca sulla vita sociale e familiare degli scimpanzé è durata 40 anni e ha portato a risultati essenziali nella comprensione del comportamento sociale, dei processi di pensiero e della cultura di questi esseri senzienti. Ha inoltre chiarito le differenze fra scimpanzé e bonobo, identificando entrambe le specie come ominidi, assieme ai gorilla e agli oranghi. Con il Progetto Grandi Scimmie spera di ottenere molti diritti fondamentali per questi primati. Notevole è stata la scoperta dell'impiego di utensili da parte degli scimpanzé, che usano bastoncini per estrarre le termiti dall'interno dei termitai, e per prendere il miele degli alveari. Inoltre usano pietre per rompere i gusci dei semi duri.

Konrad Lorenz (1903–1989). Zoologo austriaco, considerato il fondatore della moderna etologia scientifica, premio Nobel per la medicina e la fisiologia. Si è occupato per tutta la vita anche di filosofia, di comportamento e di protezione del mondo naturale. Numerosi sono i suoi libri di divulgazione scientifica, tradotti in diverse lingue. Naturalmente portato per la zoologia e la paleontologia, si iscrisse a medicina per volere del padre, ma passò presto all'embriologia e all'anatomia comparata. Famosi i suoi studi sull'imprinting di varie specie, sul comportamento delle oche selvatiche e di molti altri uccelli. Lorenz ha sempre sostenuto il bisogno di una morale estesa a tutti gli esseri senzienti. E' stato anche uno dei più profondi critici della modernità e dei suoi miti, anticipatore di molte delle tematiche oggi fatte proprie da molti ambientalisti. Nei suoi scritti, pubblicati lungo l'arco di quarant'anni, dal dopoguerra agli anni Ottanta del ventesimo secolo, troviamo previsioni ben precise dei mali che oggi affliggono il nostro mondo.

Joanna Macy (1929–vivente). Laureata in Studi religiosi all'Università di Syracuse, è una studiosa di Buddhismo, di teoria generale dei sistemi e di Ecologia Profonda. Si può considerare una delle fondatrici dell'ecopsicologia, che collega il malessere esistenziale umano alla degradazione dell'Ecosistema terrestre e riconosce che anche la psiche umana è un prodotto della Terra. Il nucleo della mente è l'inconscio ecologico. La repressione dell'inconscio ecologico, che richiama l'Inconscio collettivo di Jung, è la radice profonda della follia insita nella società industriale. Ritrovare l'accesso verso l'inconscio ecologico vuol dire ritrovare la via verso la salute psicofisica dell'individuo, della società e dell'ecosistema. Siamo parte integrante del mondo in cui viviamo tanto quanto i fiumi e gli alberi, intessuti dello stesso intricato flusso di materia-energia-mente.

Arne Næss (1912–2009). È considerato il più grande filosofo norvegese del ventesimo secolo: la sua formazione giovanile si è basata soprattutto su pensatori come Spinoza e Gandhi, oltre che sulla filosofia buddhista. È generalmente riconosciuto come il fondatore dell'Ecologia Profonda. E' stato nominato professore della cattedra di filosofia all'Università di Oslo all'età di 27 anni. L'atto di origine dell'ecologia profonda è considerato il suo articolo "The Shallow and the Deep", dove Naess distingue fra un'ecologia "di superficie", che vuole la conservazione della natura come risorsa al servizio dell'uomo, e un'ecologia "profonda", che sostiene il valore intrinseco delle realtà naturali. Naess definì il movimento dell'ecologia superficiale, molto più diffuso di quello dell'ecologia profonda, come "la battaglia contro l'inquinamento e l'esaurimento delle risorse, che farà spostare gli umani verso le nazioni cosiddette sviluppate". Per Naess ogni essere ha diritto ad una vita libera, autonoma e dignitosa: vanno compresi fra gli esseri senzienti gli organismi individuali, gli ecosistemi, le montagne, i fiumi e la Terra stessa.

Rupert Sheldrake (1942-vivente). Di formazione scientifica-biologica, è noto anche come filosofo e saggista e soprattutto per la sua teoria della risonanza morfica, che implica un universo non meccanicistico, governato da leggi esse stesse variabili nel tempo. Ha studiato a fondo lo sviluppo e la fisiologia delle piante e l'invecchiamento delle cellule. I suoi studi sulla mente estesa ne fanno uno dei massimi sostenitori della spiritualità della Natura e di tutti gli esseri senzienti.

Gary Snyder (1930-vivente). E' un filosofo, ecologista, saggista, ma anche un grande poeta: viene descritto come il "poeta dell'ecologia profonda". Snyder alterna descrizioni, visioni filosofiche e poesie, dove la Natura è sempre presente, con qualche accenno a filosofie di derivazione orientale, che conosce bene anche per i contatti diretti con diversi maestri del buddhismo. Ma nei suoi scritti è presente anche il pensiero di quei nativi americani del Nord-Ovest con i quali era stato in contatto fin dall'infanzia.

Tiziano Terzani (1938-2004). Aveva scelto la Facoltà di Giurisprudenza, poi divenne giornalista e girò per decenni attraverso l'Asia. Si può definire come intellettuale, giornalista di successo, pensatore fuori dal coro. Il suo percorso si può così schematizzare: da osservatore della rivoluzione maoista e della guerra in Vietnam, poi passato alle filosofie orientali, meditatore sull'Himalaya, è arrivato alla percezione profonda che l'umanità fa parte della Natura, vista come un tutto indivisibile.

Conclusioni

In questa breve rassegna, abbiamo trovato chi ha iniziato con il *"sive Deus sive Natura"* di Spinoza, chi ha fatto amicizia con gli scimpanzé per 40 anni, chi si è divertito con le equazioni differenziali e le particelle-onde, chi ha passato lunghi periodi con i nativi del continente americano, chi ha viaggiato per decenni attraverso l'Asia, chi ha visto la mente estesa in tutti gli esseri viventi, chi ha studiato il comportamento dei sistemi complessi e invitato al ragionamento sistemico, chi ha capito a fondo le oche, le ghiandaie, i cani. Qualcuno ha studiato il senso delle cerimonie di un popolo della Nuova Guinea, o ha iniziato meditando sulle Quattro Nobili Verità e sull'amore compassionevole verso tutti gli esseri senzienti, o ha collegato la psicologia e l'Inconscio collettivo alla Vita del Pianeta Terra.

Ma tutti sono pervenuti allo stesso paradigma, allo stesso sottofondo di pensiero.

Fantascienza di ieri e di oggi: con l'ecologia stiamo solamente verniciando di verde la Terra morente

(20 ottobre 2016)

All'inizio degli anni Sessanta del secolo scorso è stato pubblicato un libro di fantascienza intitolato *"Un cantico per Leibowitz" (di Walter Miller)*. In quegli anni imperava la paura di una guerra nucleare, paura che è durata complessivamente per tutto il periodo della guerra fredda, circa 40 anni. Come era descritto "il giorno dopo" in quel libro? Radioattività, morte, esseri deformi, i sopravvissuti, arrabbiatissimi, se la prendevano con chiunque sapesse qualcosa di fisica nucleare.

Chi conosceva la relazione di Einstein fra energia e massa ($E=mc2$) veniva linciato dalla folla, il "sapere" di quel tipo era considerato di per sé stesso una causa della catastrofe, Leibowitz era un tecnico linciato da una folla inferocita. Un fraticello viaggiava su un asino per portare frammenti bruciacchiati dei suoi disegni (schemi, forse tracce di particelle nucleari in una camera a bolle) di cui nessuno capiva più nulla. Leibowitz era stato proclamato santo in quanto martire. Allora la fantascienza "post-apocalittica" viaggiava su quel binario.

Se quel "giorno dopo" di un romanzo di fantascienza venisse scritto oggi?

Mi sembra di leggere il racconto: chi nominava il P.I.L. veniva linciato dalla folla, conoscere il significato dello spread e del tasso di sconto era considerato un delitto. Pronunciare parole come inflazione o deflazione significava una condanna a morte. Il termine crescita veniva accuratamente evitato: per indicare l'aumento di qualcosa si usava piuttosto un giro di parole. La Bocconi era già stata data alle fiamme. Chi nominava il Nasdaq diceva che era il nome di una montagna della Groenlandia.

Le estrapolazioni in avanti di molti fenomeni in corso (fra cui soprattutto l'aumento della popolazione umana, 80-90 milioni all'anno, e la crescita dei consumi) daranno risultati palesemente paradossali già attorno all'anno 2030: *non vi si potrà arrivare così, tranquillamente, continuando come ora.*

L'innesco di "qualcosa" che farà arrestare molte tendenze attuali è da attendersi entro la fine di questo decennio.

La civiltà industriale, nata circa due secoli fa ma che ha manifestato la sua natura distruttiva solo da alcuni decenni (dato che procede con legge esponenziale), sta per finire perché è incompatibile con il funzionamento del sistema più grande di cui fa parte o, se volete, con la vita della Terra.

Qualunque discorso serio sul prossimo futuro dovrebbe iniziare così: "Il modello culturale umano denominato civiltà industriale, fondato sull'incremento indefinito dei beni materiali ed espressione attuale della cultura occidentale, è fallito. Dobbiamo gestire il transitorio verso modelli completamente diversi riducendo il più possibile gli eventi traumatici, che sembrano ormai inevitabili." Dopo, il primo valore non potrà essere altro che la buona salute dell'Ecosfera, cioè dell'Ecosistema complessivo, di cui facciamo parte integralmente, assieme a tutti gli altri esseri senzienti e alle relazioni che li collegano. Forse c'è una grande difficoltà a trattare l'argomento con queste premesse, ma è soltanto perché ogni modello culturale è incapace di concepire la propria fine.

Per 40 anni siamo stati sull'orlo di una guerra totale: il carico di testate nucleari di un solo sommergibile era in grado di far fuori quasi un intero continente, il Dottor Stranamore non era soltanto un film, la crisi di Cuba aveva portato a poche ore dall'Apocalisse. Anche un uomo solo poteva far scattare tutto in pochi minuti, e 40 anni sono un tempo lungo per questo genere di eventi. Bastava ben poco, in tante occasioni, ma non è successo.

In realtà il disastro nucleare non poteva succedere, perché la Terra si sarebbe ridotta in pochi giorni a quella che era stata chiamata (nel libro di Jonathan Schell "Il destino della Terra, uscito in quegli anni) "una repubblica di insetti e di erbe": avrebbe impiegato decine di milioni di anni per riprendersi.

Ma la Terra è molto più importante di noi umani, che ne siamo solo componenti, come le cellule di un Organismo: il Pianeta non poteva ridursi così. Ora invece, una forma di collasso è, non soltanto possibile, ma necessaria per salvare il Complesso dei Viventi, in gravissimo pericolo: questa civiltà ha ormai invaso il pianeta e il numero di umani ha largamente superato ogni valore tollerabile.

Il primato dell'economia ci sta portando verso il disastro, verso un mondo avvelenato e senza varietà dei viventi. *Molti movimenti integrati nel sistema, quelli cosiddetti "ambientalisti", continuano a parlare con il linguaggio dell'economia.*

Ci sono poi movimenti utilissimi e animati dalle migliori intenzioni, come la Decrescita felice o quelli "della transizione", che propagandano idee di cambiamenti notevoli, vogliono giustamente sostituire le fonti energetiche, ma in sostanza tendono a "verniciare di verde" il mondo attuale, troppo spesso usano ancora il linguaggio dell'economia.

Non ci salveremo continuando a usare quel linguaggio. Penso che bisognerà andare oltre, abbandonare anche nei discorsi le merci, i beni, il PIL, il mercato, forse anche il denaro e l'economia stessa.

Un grosso aiuto può venire da un pensiero appena nascente che comprende diversi movimenti, anche se numericamente poco rilevanti: *l'Ecologia Profonda, gli studi sulla mente animale, la mente estesa, l'Ecopsicologia, il Bio-regionalismo, lo studio delle culture native e orientali antiche, il miglioramento dei rapporti con gli altri esseri senzienti (fino a pervenire a forme di simbiosi), la critica alla civiltà, e così via.*

Le tre religioni abramitiche (cristianesimo, ebraismo, islam) sono fortemente antropocentriche e filosoficamente uguali: forse è proprio per questo che, di fatto, sono sempre state in forte contrasto fra loro. Mente estesa, Anima del Mondo, Inconscio Ecologico, Animismo, esseri senzienti, Madre Terra: non sanno neanche di cosa stiamo parlando, o fanno finta di non saperlo.

La parte laica dell'Occidente, più che mai seguace della "crescita" e fanaticamente legata al materialismo e alla visione cartesiana-newtoniana del mondo, si comporta nei fatti come un'altra religione: ha fatto un'alleanza con la parte "religiosa", ha sostituito il merito selettivo dell'evoluzione al diritto divino conservando alla nostra specie tutti i suoi privilegi e il suo distacco dal mondo naturale.

La scienza "ufficiale" continua su questa via, in netto disaccordo con le sue stesse conoscenze. Anche la definizione classica della sostenibilità (un processo sarebbe sostenibile se "i nostri discendenti" non ne avranno un danno) è assai discutibile.

Mi sembra invece molto migliore l'espressione seguente: "L'andamento di un sistema è sostenibile se può durare a tempo indefinito senza alterare in modo apprezzabile l'evoluzione del sistema più grande di cui fa parte". Seguendo l'Ecologia Profonda, penso che, senza un sottofondo animista-panteista che dia un valore in sé (e non in funzione umana) a tutte le entità naturali, sarà ben difficile pervenire a modelli culturali veramente diversi e compatibili con i più grandi cicli che persistono da centinaia di milioni di anni.

L'attuale civiltà industriale sempre-crescente è il modello culturale umano più distruttivo per la Vita che sia mai comparso sulla Terra. Quindi la sua prossima fine dovrebbe rallegrarci. Per finire, una citazione:

"L'uomo è la specie più folle: venera un Dio invisibile e distrugge una Natura visibile, senza rendersi conto che la Natura che sta distruggendo è quel Dio che sta venerando"

Hubert Reeves-Astrofisico

La difesa della Terra: il Pianeta adotterà misure drastiche per auto-difendersi da noi?

(16 novembre 2016)

La Terra si trova in situazione grave a causa di un modello culturale umano, la civiltà industriale, nata due secoli fa nella cultura occidentale e che ha invaso tutto il mondo.

Schematizziamo la situazione suddividendola nei seguenti problemi, legati fra loro in un'unica "patologia dell'Organismo":

- La spaventosa sovrappopolazione umana (7.3 miliardi) e la sua crescita continua (attualmente 80-90 milioni di individui all'anno);

- La distruzione delle foreste e degli altri ecosistemi (barriere coralline, paludi, savane, ecosistemi fluviali e costieri, e così via). Come esempio, vengono abbattuti 100.000 Kmq/anno di foreste: metà delle foreste in tutto il mondo sono già state distrutte;

- L'aumento dell'anidride carbonica nell'atmosfera, che prosegue inesorabilmente. Siamo passati da 280 a oltre 400 ppm in pochi decenni e il fenomeno prosegue senza soste. Questo fatto comporta variazioni climatiche rapide, innalzamento del livello dei mari e fenomeni meteorologici estremi;

- Il velocissimo declino della biovarietà, su cui sono basate le capacità della Terra di autocorreggere le deviazioni non troppo grandi. Si estinguono molte migliaia di specie all'anno;

- Lo spaventoso consumo di territorio in atto in tutto il mondo. Ovunque si sostituisce materia inerte (città, strade, macchine, impianti) a sostanza vivente (praterie, savane, foreste, paludi);

- Le quantità di rifiuti che si trovano ovunque. Come esempio, un'"isola" di plastica grande molto più della Francia galleggia nel Pacifico.

La Terra è un Organismo, di cui facciamo parte come un tipo di cellule: trattandosi di un sistema a complessità molto elevata, si manifestano fenomeni mentali.

Secondo la teoria di Gaia, possiamo considerare l'Ecosfera come una grande Mente, che non significa *necessariamente* una coscienza. Potrebbe essere un Grande Inconscio, o avere un tipo di coscienza molto diverso da quello cui siamo abituati.

Ma non importa seguire una teoria di questo tipo: le considerazioni che seguono valgono anche se pensiamo che l'Ecosfera sia soltanto un Sistema Complesso.

Infatti in ogni caso la Terra *si comporta come* un Organismo in grado di autoriparare le modifiche abbastanza piccole, o comunque che procedono con sufficiente lentezza, cioè con tempi paragonabili a quelli delle variazioni sue proprie (*omeostasi*).

Come esempio, l'organismo umano è in grado di mantenersi entro una fascia di temperature interne fra i 36 e i 37 gradi, autocorreggendo le variazioni per riportarsi entro questo intervallo, ma se si verifica un evento molto drastico (ad esempio, che porti la temperatura a 50 °C) l'Organismo non ce la fa e muore. L'Ecosfera, o la Terra, tenderà a riportarsi ai suoi tempi, che in genere sono mediamente più lunghi di 10.000 volte rispetto a quelli della civiltà industriale.

Se si trova al di fuori della variabilità "accettabile", ricorrerà ad un intervento drastico per liberarsi dal suo male.

È evidente che la civiltà industriale sempre-crescente è una grave malattia, assimilabile al cancro, dove le cellule malate vogliono sostituire le altre.

La civiltà industriale, nata circa due secoli fa ma che ha manifestato la sua natura distruttiva da meno di un secolo (dato il suo andamento di crescita esponenziale), sta per finire perché è incompatibile con il funzionamento del sistema più grande di cui fa parte (o con *la vita della Terra*).

Ricordo che stiamo parlando di una particolare cultura umana, anche se ha ormai invaso tutto il mondo, non di tutta l'umanità: questa cultura ha come caratteristiche l'incremento indefinito dei beni materiali e il primato dell'economico su qualunque altro aspetto della vita.

La Terra sta tentando di arginare il male con le sue capacità autocorrettive: come esempi, l'aumento dell'omosessualità, delle depressioni e dei suicidi, oltre che le reazioni climatiche e gli eventi estremi, sono tentativi per arginare la crescita abnorme degli umani.

Se facciamo i calcoli con le immense quantità di anidride carbonica emesse per l'energia, le industrie e i trasporti, oltre che per gli effetti delle deforestazioni, le percentuali di CO_2 nell'atmosfera dovrebbero essere ancora maggiori di quelle riscontrate: si deve essere attivato qualche "pozzo" ancora ignoto che assorbe CO_2.

È un disperato tentativo della Terra di autocorreggere la composizione atmosferica e mantenere l'effetto serra nei suoi valori stazionari (con 280 ppm di CO_2).

Ma oggi siamo ben al di fuori della fascia di capacità omeostatica dell'Ecosfera, che è come un organismo con una febbre molto al di sopra delle sue possibilità di recupero. Come accennato, la velocità delle variazioni dovute alla civiltà industriale è dell'ordine di 10.000 volte superiore a quella massima tollerabile dai cicli naturali.

Infatti le modifiche che avvengono *naturalmente* nella

vita del Pianeta hanno una velocità di variazione tale da consentire i necessari adattamenti dei viventi e dei rapporti fra elementi organici/inorganici, in modo che le estinzioni hanno un ritmo molto basso, inferiore a quello della nascita di nuove specie, con l'eccezione dei grandi cambiamenti in quei periodi che abbiamo battezzato come "*cambio di era geologica*" (secondo la cronologia accettata, si sono verificati cinque volte *in un miliardo di anni*). Tuttavia, anche in quei periodi di transizione, si tratta spesso di tempi dell'ordine del milione di anni.

Oggi una forma di collasso è non soltanto possibile, ma *necessaria* per salvare il Complesso dei Viventi, in gravissimo pericolo: questa civiltà ha ormai invaso il pianeta e il numero di umani ha largamente superato ogni valore tollerabile.

Come esempio limitato ad un continente: né l'AIDS, né ebola, né la fame e le guerre hanno minimamente scalfito l'aumento esponenziale della popolazione africana, che ha largamente superato il miliardo e raddoppia ogni trent'anni.

Che alternativa ha la Terra per riportarsi, nel tempo, alle sue normali modalità di vita? Quella di estirpare il male con un intervento "chirurgico", cioè con un punto di discontinuità, o di collasso. Infatti il male è decisamente troppo avanzato: forse negli anni Settanta del secolo scorso, quando il numero di umani era circa la metà di quello attuale e la devastazione molto minore, si era ancora in tempo per invertire la rotta senza traumi troppo grossi. Quella era l'Ultima Chiamata. Nessuno ha risposto.

Forse c'è già qualche segno di innesco del prossimo collasso: fanatismi, suicidi "religiosi", migrazioni di massa, malattie psichiche.

Dopo, bisognerà gestire il transitorio verso modelli completamente nuovi.

Il vero fallimento della relazione Terra – civiltà industriale

(19 gennaio 2017)

La Terra ha quattro-cinque miliardi di anni. La Vita ha tre miliardi di anni, l'umanità ha tre milioni di anni (se assumiamo, come data convenzionale di inizio, l'esistenza della nostra antenata Lucy), la cultura occidentale giudaico-cristiana ha duemila anni, la civiltà industriale ha duecento anni. Meditiamo su questi tempi: troviamo spesso un rapporto 1:1000 ad ogni passaggio.

Il mondo di oggi è in gravissima crisi. La civiltà industriale, che ha manifestato la sua natura distruttiva da meno di un secolo, sta per finire perché è incompatibile con il funzionamento del sistema più grande di cui fa parte.

Qualunque discorso serio sul prossimo futuro dovrebbe iniziare così: "Il modello culturale umano denominato civiltà industriale, fondato sull'incremento indefinito dei beni materiali ed espressione attuale della cultura occidentale, è fallito. Dobbiamo gestire il transitorio verso modelli completamente diversi riducendo il più possibile gli eventi traumatici, che sembrano ormai inevitabili."

Invece si continua a parlare di *ambiente* (quando va bene) come se si trattasse di un "contorno" di qualcosa di più importante, come se fosse "un lusso", un *optional!!* Il termine sottintende "ambiente dell'uomo", cioè è impregnato di un fortissimo antropocentrismo. In sostanza si usa chiamare "ambiente" un Organismo Totale come se fosse un "contorno" di alcune sue cellule.

Invece che parlare di ambiente, sarà meglio parlare di Ecosistema, cioè la Totalità terrestre ci cui la nostra specie fa parte. Oppure, semplicemente, diremo "la Terra".

La Terra non è "la nostra casa", ma è l'Organismo di cui facciamo parte: siamo un suo tessuto, siamo come un tipo di cellule integrate in un organismo biologico, e che dipendono in modo totale dalle sue possibilità di omeostasi.

Il vero problema di oggi non è "la crisi economica", ma piuttosto il problema ecologico globale, da cui discendono tutti gli altri.

Le estrapolazioni in avanti di moltissimi fenomeni in corso (fra cui soprattutto l'aumento della popolazione umana sul Pianeta, 80-90 milioni all'anno, e la crescita dei consumi) danno risultati palesemente paradossali.

La definizione classica di *sostenibilità* (un processo è sostenibile se "i nostri discendenti" non ne avranno un danno) non ha senso. Mi sembra molto migliore l'espressione seguente: *"L'andamento di un sistema è sostenibile se può durare a tempo indefinito senza alterare in modo apprezzabile l'evoluzione del sistema più grande di cui fa parte".* Tale definizione è priva di riferimenti antropocentrici e tiene conto della *vita* dell'Ecosfera, che comprende anche la nostra specie.

Attualmente sulla Terra gli umani sono oltre sette miliardi e aumentano di 90 milioni all'anno, scompaiono 100.000 Kmq di foreste all'anno, l'anidride carbonica aumenta di 3 ppm all'anno, si estinguono 30-40 specie al giorno, la biodiversità si degrada a vista, il consumo di territorio fa registrare cifre vertiginose.

Palesemente questi fenomeni, conseguenze inevitabili della crescita economica, non possono continuare ancora a lungo. Quindi la Natura deve cercare di guarire dal suo male, facendo terminare quella forma di pensiero che ha invaso tutto il mondo e lo sta distruggendo. Occorre partire da altre basi, occorre *abbandonare* completamente: la *competizione economica*, la *globalizzazione*, la *crescita*, il *mercato* e la corsa ai *consumi*.

È accettabile soltanto uno sviluppo di tipo spirituale-culturale e delle informazioni. Se invece si mantengono le premesse attuali, i problemi del mondo sono chiaramente insolubili.

Molti movimenti integrati nel sistema, quelli cosiddetti "ambientalisti", continuano a parlare con il linguaggio dell'economia. Ci sono poi movimenti utilissimi e animati dalle migliori intenzioni, come la Decrescita felice o quelli "della transizione", che propagandano idee di cambiamenti notevoli, vogliono giustamente sostituire le fonti energetiche, ma in sostanza tendono a "verniciare di verde" il mondo attuale, troppo spesso usano ancora il linguaggio dell'economia.

Penso che bisognerà andare oltre, abbandonare anche nei discorsi le merci, i beni, il PIL, il mercato, forse anche il denaro e l'economia stessa.

Il primato dell'economico deve assolutamente cadere. Un grosso aiuto può venire da un pensiero appena nascente che comprende diversi movimenti, anche se numericamente non molto rilevanti: l'Ecologia Profonda, gli studi sulla mente animale, la mente estesa, l'Ecopsicologia, lo studio delle culture native e orientali antiche, il miglioramento dei rapporti con gli altri esseri senzienti (fino a pervenire a forme di simbiosi), la critica alla civiltà, e così via.

Senza un sottofondo animista-panteista che dia un valore in sé (e non in funzione umana) a tutte le entità naturali, sarà ben difficile pervenire a modelli culturali veramente diversi e compatibili con i più grandi cicli naturali che persistono da centinaia di milioni di anni.

L' Ecologia Profonda in sintesi: i suoi punti fondamentali

(30 gennaio 2017)

Nella vita di tutti i giorni si parla molto di ecologia, ma di solito senza alcun riferimento o inquadramento concettuale, e spesso come se si trattasse di "un contorno" di qualcosa di più importante (la crescita economica). È invece la percezione del modo di vivere della Terra da qualche miliardo di anni.

Anche se le schematizzazioni sono sempre riduttive, al solo scopo di intendersi più facilmente, adotterò la distinzione di Arne Naess, dividendo il pensiero ecologista in due categorie:

- l'ecologia di superficie, che ha per scopo la diminuzione degli inquinamenti e la salvezza di alcuni ambienti naturali senza intaccare la visione del mondo della cultura occidentale. L'ecologia di superficie raccomanda di salvare isole di mondo naturale, ma "per l'uomo" o "per i figli e i nipoti";

- l'ecologia profonda, in cui vengono modificate radicalmente le concezioni filosofiche dominanti in Occidente: in questa forma di pensiero si dà un'importanza metafisica alla Natura, superando il concetto restrittivo di "ambiente dell'uomo". L'Ecologia Profonda, nata convenzionalmente in Occidente con l'articolo "The Shallow and the Deep" (1972) del filosofo norvegese Arne Naess, si può ricondurre nell'ambito delle idee di Gregory Bateson e Fritjof Capra, il noto autore de "Il Tao della Fisica" (1982).

Le istanze ecologiste più diffuse, pur utilissime, restano di solito entro i confini dell'ecologia di superficie: tutte le azioni attuali vengono intraprese "per l'uomo", visto ancora come l'unico riferimento.

L' Ecologia Profonda propone invece una visione del mondo *NON antropocentrica,* ma *ecocentrica: il primo valore è la buona salute dell'Ecosfera (o della Terra). Tutte le entità naturali hanno un valore IN SÉ*

I 4 punti fondamenti dell'Ecologia Profonda sono:

- La posizione dell'uomo in Natura come specie animale, parte di un Tutto, che è più della somma delle parti;

- Il valore "in sé" assegnato a tutte le entità naturali, non in funzione umana;

- Il diritto ad una vita degna e all'autorealizzazione di tutti gli esseri senzienti (animali – piante – esseri collettivi – ecosistemi – Gaia);

- Una visione sistemica-olistica della Terra e di tutti i suoi sottosistemi.

Secondo l' Ecologia Profonda, *la causa principale della grave situazione in cui ci troviamo è l'idea errata che l'uomo sia al di fuori e al di sopra della Natura, vista come un complesso di "risorse" a nostra disposizione.*

Chiunque fosse interessato a ulteriori notizie può leggere il "*Manifesto per la Terra*" redatto nel 2004 dagli studiosi canadesi Mosquin e Rowe e facilmente reperibile sul sito www.ecospherics.net.

Vale la pena richiamare qualche nozione sul modo di "vivere" del nostro Pianeta:

- La Terra è un sistema altamente complesso, con numerosissimi effetti di retroazione. Anche tutti gli esseri viventi sono sistemi complessi, come pure gli ecosistemi e alcuni sistemi non-viventi.

- L'Ecosfera è un sistema in grado di correggere le variazioni negative non troppo grandi (come fanno i viventi), entro una certa fascia di variabilità, tenendo conto della scala dei tempi.

- Il ciclo energetico interno dell'Ecosistema (o della Terra) si esplica soprattutto attraverso il ciclo vitale di respirazione e fotosintesi. Come scambio esterno, quasi tutta l'energia che fluisce attraverso l'Ecosistema è energia solare. Quindi anche l'unica energia "utilizzabile" in condizioni stazionarie è l'energia solare.

- La Vita (o il funzionamento) della Terra è basata sulla biovarietà, senza la quale il Pianeta non è in grado di mantenere la situazione quasi-stazionaria. *Come esempio*, un campo coltivato a monocoltura si mantiene solo con pesanti apporti esterni: l'aumento di produttività è illusorio, perché il bilancio **complessivo** è negativo.

L'uomo è un animale, anche facilmente classificabile. La differenza con uno scimpanzé bonobo è dell'ordine dell'1%. Tutti gli esseri viventi sono anche *senzienti (Konrad Lorenz, Jane Goodall, Irene Pepperberg, Frans de Waal, Rupert Sheldrake, Roberto Marchesini).*

Delle cinquemila culture umane comparse sulla Terra soprattutto quelle di derivazione medio-orientale e poi europea (religioni abramitiche) *vedono l'uomo come qualcosa di totalmente diverso e staccato dalla Natura.*

La percezione della completa appartenenza della nostra specie alla Natura doveva essere fonte di grande serenità, ci ha liberato da un peso opprimente. Ma così non è stato, almeno per ora. Nel linguaggio corrente, nell'etica, nelle leggi, l'idea di *umanità* è ancora contrapposta a quella di *animalità.*

Nella cultura occidentale, e perciò oggi in quasi tutto il mondo, la nostra specie è vista ancora non come una parte della Biosfera, ma come un elemento *esterno*, cui viene riferito ogni valore.

I cosiddetti "ambientalisti" dicono di "tenere pulita la nostra casa", conservare la Terra per le future generazioni, e così via. L'uomo è sempre il riferimento ovvio.

Invece oggi sappiamo che l'uomo *non è nella situazione di abitante di una casa*, ma è come un tipo di cellule in un Organismo.

Questa situazione non è stata ancora recepita dalla filosofia occidentale: nessuna istituzione ne tiene conto. Anche la scienza "ufficiale", quella che viene divulgata, mantiene di fatto una posizione antropocentrica e cartesiana-newtoniana, in contrasto con le sue stesse conoscenze.

Dopo queste premesse, è evidente che, secondo l'Ecologia Profonda, l'Etica deve comprendere tutte le entità naturali (Etica della Terra).

22 Aprile, Giornata della Terra: ma cosa manca all'ecologia green di oggi?

(1 maggio 2017)

La Giornata della Terra è una manifestazione ambientale istituita nel 1970, una giornata in cui tutti i cittadini del mondo dovrebbero unirsi per rispettare la Terra e promuoverne la salvaguardia. Governi, istituzioni e gruppi ecologisti cercano di sensibilizzare la popolazione sull'inquinamento di aria, acqua e suolo, sulla distruzione degli ecosistemi, sull'estinzione di migliaia di specie animali e vegetali e sull'esaurimento delle risorse, tutti effetti dell'attività umana. È stata celebrata il 22 aprile scorso.

Earth Day Italia, in accordo con il Ministero dell'Ambiente, ha incentrato le celebrazioni della 47a Giornata Mondiale della Terra sul tema dell'educazione ambientale favorendo l'incontro tra la scuola e le offerte formative promosse da istituzioni e organizzazioni.

Si può agire in molti ambiti per migliorare le attuali attività a livello mondiale o locale: dal riciclo dei materiali alla fine dell'impiego di petrolio, carbone e gas (che dovrebbero restare sotto terra), dal divieto di produrre e utilizzare molti prodotti chimici alla cessazione della distruzione di habitat fondamentali come i boschi, le paludi e gli ambienti marini.

La Giornata e le iniziative collegate hanno avuto il grande pregio di tenere viva l'attenzione sulla situazione del Pianeta e sull'enorme importanza del problema globale, *ma c'è qualcosa che manca*: un sottofondo di pensiero che colleghi il tutto. Inoltre non sono state messe in evidenza le *cause profonde* che hanno provocato e continuano a provocare il disastro ecologico:

- *La spaventosa sovrappopolazione che affligge la Terra (7.3 miliardi di umani con un aumento di ben 90 milioni all'anno);*

- *L'eccesso di consumi che distrugge la Vita;*

- *I gravi danni al Pianeta causati dal ciclo della carne.*

È mancata una vera raccomandazione a ridurre drasticamente *tutti* i consumi, non solo quelli energetici. Sembra quasi che si voglia trasmettere il messaggio di "colorare di verde" il mondo attuale (economia *green*), non di cambiare drasticamente il sistema.

Manca la percezione che la causa prima del problema è la crescita economica, che *sostituisce materia inerte (strade, costruzioni, impianti) a sostanza vivente (foreste, praterie, barriere coralline, paludi): pretende di "rifare il mondo".*

La civiltà industriale, nata circa due secoli fa ma che ha manifestato la sua natura distruttiva solo da un secolo (dato che procede con legge esponenziale), sta per finire perché è incompatibile con il funzionamento del sistema più grande di cui fa parte.

Qualunque discorso serio sul prossimo futuro dovrebbe iniziare così:

"Il modello culturale umano denominato civiltà industriale, fondato sull'incremento indefinito dei beni materiali ed espressione attuale della cultura occidentale, è fallito. Dobbiamo gestire il transitorio verso modelli completamente diversi riducendo il più possibile gli eventi traumatici, che sembrano ormai inevitabili." (vedere anche il "Manifesto per la Terra" di Mosquin e Rowe)

Forse c'è una grande difficoltà a trattare l'argomento con queste premesse, ma è soltanto perché ogni modello culturale è incapace di concepire la propria fine. Il primato dell'economico deve assolutamente finire.

Un grosso aiuto può venire da un pensiero appena nascente che comprende diversi movimenti, anche se numericamente poco rilevanti (se presi singolarmente): l'Ecologia Profonda, gli studi sulla mente animale, la mente estesa, l'Ecopsicologia, lo studio delle culture native e orientali antiche, il miglioramento dei rapporti con gli altri esseri senzienti (fino a pervenire a forme di simbiosi), la critica alla civiltà, e così via.

Anche la definizione classica della *sostenibilità* (un processo sarebbe sostenibile se "i nostri discendenti" non ne hanno un danno) va modificato, ad esempio con l'espressione seguente: *"L'andamento di un sistema è sostenibile se può durare a tempo indefinito senza alterare in modo apprezzabile l'evoluzione del sistema più grande di cui fa parte".* Tale definizione è priva di riferimenti antropocentrici e tiene conto della vita (o del funzionamento) dell'Ecosfera. Non guasterebbe poi un sottofondo con qualche riferimento di tipo spirituale, sintetizzabile con questa citazione dell'astrofisico canadese Hubert Reeves:

"L'uomo è la specie più folle: venera un Dio invisibile e distrugge una Natura visibile, senza rendersi conto che la Natura che sta distruggendo è quel Dio che sta venerando".

Una speranza per il Pianeta: il collasso della civiltà industriale come la conosciamo

(29 novembre 2017)

L'uomo è una specie animale facilmente classificabile nella Classe Mammiferi-Ordine Primati. È una delle specie viventi, che sono circa 20-30 milioni.

Sono esistite sulla Terra circa 5000 culture umane. La civiltà industriale è la fase attuale di una di queste, la cultura occidentale. La civiltà industriale è quindi un piccolo dettaglio nella storia del Pianeta Terra, o dell'Ecosistema. È però un dettaglio estremamente invadente, che ha praticamente occupato tutto il Pianeta, spesso con la violenza, portando a questa situazione:

- La sovrappopolazione umana (7.3 miliardi) è spaventosa e la sua crescita è inarrestabile: attualmente 80-90 milioni di individui all'anno;

- La distruzione delle foreste e degli altri ecosistemi (barriere coralline, paludi, savane, ecosistemi fluviali e costieri, e così via) prosegue senza sosta. Come esempio, vengono abbattuti 100.000 Kmq/anno di foreste: metà delle foreste in tutto il mondo sono già state distrutte;

- L'aumento dell'anidride carbonica nell'atmosfera prosegue inesorabilmente. Siamo passati da 280 a oltre 400 ppm in pochi decenni e il fenomeno continua senza soste. Come noto, questo fatto comporta variazioni climatiche rapide, innalzamento del livello dei mari e fenomeni meteorologici estremi;

- E' in corso un velocissimo declino della biodiversità, su cui sono basate le capacità della Terra di autocorreggere le deviazioni non troppo grandi. Si estinguono molte migliaia di specie all'anno;

- C'è in tutto il mondo uno spaventoso consumo di territorio, e soprattutto di suolo. Ovunque si sostituisce materia inerte (città, strade, macchine, impianti) a sostanza vivente (praterie, savane, foreste, paludi);

- Le quantità di rifiuti che si trovano ovunque sulla Terra ha raggiunto livelli assolutamente insostenibili. Come esempio, un'"isola" di plastica grande molto più della Francia galleggia nel Pacifico.

Dopo queste premesse, qualunque discorso logico sull'andamento del sistema mondiale dovrebbe iniziare così: *"Il modello culturale umano denominato civiltà industriale, fondato sull'incremento indefinito dei beni materiali ed espressione attuale della cultura occidentale, è fallito. Dobbiamo gestire il transitorio verso modelli completamente diversi riducendo il più possibile gli eventi traumatici, che sembrano ormai inevitabili".*

La civiltà industriale, nata circa due secoli fa ma che ha manifestato la sua natura distruttiva solo da un secolo (dato che procede con legge esponenziale), sta per finire perché è incompatibile con il funzionamento del sistema più grande di cui fa parte.

E' evidente che la catastrofe è in corso e può arrestarsi solo con un punto di collasso che faccia interrompere i fenomeni sopra detti, cioè faccia terminare l'attuale mostruoso primato dell'economico. Questo collasso è divenuta una speranza.

Come esempio di precursori, cito questi brani, frutto del genio letterario di Ceronetti:

"... Vorrei un capo di governo o di azienda che facesse precedere da un purtroppo le frasi consuete: "dobbiamo aumentare la produzione", "la ripresa è imminente"... Neppure questa libertà gli è data. Sono costretti anche ad adularlo, il Maligno: se aggiungono un purtroppo li scaraventa in basso come birilli. Questo non è più avere un potere, tanto meno corrisponde a qualcuno dei sensi profondi di comando. L'asservimento all'economia dello sviluppo, senza neppure un accenno di sgomento, dice l'immiserimento, la perdita di essenza e di centro, della politica. Se il fine unico è lo sviluppo, la politica è giudicata in base alla sua bravura (che è pura passività) nello spingerlo avanti a qualsiasi costo.... Non c'è nessuna idea politica dietro, sopra o sotto: c'è il Dio dell'economia industriale geloso del suo culto monoteistico....La sola voce concorde, universale, in alto e in basso, grida che nessuna industria si

fermi o chiuda, qualsiasi cosa produca, sia pure inutilissima o micidialissima, sia pure destinata a restare invenduta: la sola voce concorde invoca che si aprano cantieri su cantieri e che si investano finanze in nuovi progetti industriali: a costo di qualsiasi inquinamento e imbruttimento, a costo anche di fare accorrere, per l'immediata ritorsione morale che colpisce chi accolga progetti simili, le furie di una intensificata violenza. E se deve, sul mare delle voci tutte uguali, planare una promessa rassicurante, è sempre la stessa: ci sarà la "ripresa", ne avrete il triplo di questa roba... (La Stampa, 9 marzo 1993)

Qualche altra citazione di precursori:

Il periodo di rapida crescita della popolazione e dell'industria prevalso negli ultimi secoli, invece di venir considerato come condizione naturale e capace di durare indefinitamente, apparirà come una delle fasi più anormali nella storia dell'umanità.

Adriano Buzzati Traverso (1972)

L'Occidente è una nave che sta colando a picco, la cui falla è ignorata da tutti. Ma tutti si danno molto da fare per rendere il viaggio più confortevole. Emanuele Severino

Ora posso dare libero sfogo a un'utopica fantasia postapocalittica:

Chi nomina il P.I.L. viene linciato dalla folla, conoscere il significato dello spread, del tasso di sconto e dei bond è considerato una colpa. Parole come inflazione o deflazione sono scomparse. Il termine crescita viene accuratamente evitato:

per indicare l'aumento di qualcosa si deve usare un giro di parole. La Bocconi non esiste più. Il Nasdaq viene creduto il nome di una montagna dell'Hindu Kush.

Le trovate degli industrialisti-sviluppisti per darsi una "verniciata di verde" e andare avanti come prima sono i concetti di sviluppo sostenibile, green economy, economia circolare e simili. Secondo loro, lo sviluppo sostenibile, locuzione che contiene palesemente una contraddizione interna, sarebbe quello *"che non danneggia le generazioni future"*, ma in realtà *qualunque crescita materiale permanente distrugge la Vita.* Sembra invece molto migliore l'espressione:

l'andamento di un sistema è "sostenibile" se può durare a tempo indefinito senza alterare in modo apprezzabile l'evoluzione del sistema più grande di cui fa parte"

Così non ci sono riferimenti antropocentrici e si tiene conto della vita dell'Ecosfera.

Ecologia Profonda e Chiesa Cattolica - Contrasti e punti in comune

(31 maggio 2018)

Che cosa ha l'Ecologia Profonda in comune o in contrasto con la Chiesa Cattolica?

Qualche punto in comune si può così sintetizzare. Entrambi i movimenti perseguono:

- la fine del consumismo, e quindi della crescita economica, che è una conseguenza della filosofia materialista e meccanicista che domina il cosiddetto mondo moderno. Questo punto è appena nascente da parte cattolica, in particolare con l'Enciclica Laudato Sì di Papa Francesco del giugno 2015;

- la fine dello scientismo di derivazione cartesiana. Da parte cattolica questo tipo di visione del mondo, decisamente materialista-meccanicista, era stato respinto all'origine, anche se poi si è stabilita fra scienza ufficiale materialista e mondo cattolico una sorta di alleanza, basata su una netta divisione di competenze;

- una forma di spiritualità che dia un profondo significato alla Vita e a tutta la Natura.

Fra le due visioni del mondo ci sono però differenze profonde, come ad esempio:

- Per il mondo cattolico la spiritualità viene da un Dio personale ed esterno al mondo. Per l'Ecologia Profonda la spiritualità è immanente nella Natura: tutti i viventi sono anche esseri senzienti e le entità naturali collettive hanno lo status di esseri senzienti, hanno cioè un aspetto anche mentale. L'Ecologia Profonda è al di fuori di ogni dualismo, mentre il mondo cattolico ne è pieno (Dio-mondo, spirito-materia, uomo-animale, e così via);

- Per il mondo cattolico, la nostra specie è del tutto particolare, è frutto di una creazione speciale, ha un destino diverso e, nella migliore delle ipotesi, è depositaria del dovere di "amministrare bene" il mondo naturale. In realtà non si capisce bene dove stia il confine, visto che si conoscono un centinaio di esseri (fossili) intermedi fra la nostra specie e gli altri animali. Inoltre oggi sappiamo che i Sapiens e i Neanderthal formavano famiglie miste. Una fetta di Neanderthal è ancora dentro di noi.

Lo scimpanzè bonobo, tuttora vivente, differisce da un umano circa dell'uno per cento.

Per *l'ecologia profonda* l'uomo è un essere vivente che fa parte di un sistema anche mentale molto più grande, che comprende tutto l'Ecosistema, o la Terra stessa.

L'uomo sta alla Natura come la parte al Tutto. La scienza lo sa benissimo ma fa finta di non saperlo, avendo sostituito il "diritto divino" con una specie di "merito selettivo";

Per *l'ecologia profonda* uno dei pericoli più grandi che minacciano la situazione vitale del Pianeta è la mostruosa sovrappopolazione umana che l'affligge: invece le istituzioni religiose dell'Occidente (di derivazione cristiana e islamica) non fanno che inneggiare alla crescita demografica.

Viene comunque da chiedersi se sia più materialista chi pensa a:

- un mondo fatto solo di materia inerte, al servizio di una sola specie "privilegiata" e dominato da un Essere ad esso esterno, una specie di Macchina con lo Spirito al di fuori (sottofondo della tradizione giudaico-cristiana-islamica); oppure:

- un mondo animato, dove lo Spirito e la Mente sono onnipervadenti ed onnipresenti, in cui ogni entità naturale ha un profondo significato ed evidenzia appunto lo spirito, la mente o l'Anima del mondo (Ecologia Profonda).

Penso che il materialismo sia nella prima versione, dove infatti è stato estremamente facile togliere di mezzo la Divinità, già staccata dal mondo (materialismo storico e scientismo).

Per secoli la Chiesa cattolica ha avuto la più grande indifferenza per gli altri esseri viventi e per tutte le entità naturali, che considera al servizio dell'uomo, visto come "al di sopra" o "al di fuori".

Ogni tanto qualcuno tira fuori San Francesco, e sta bene, ma si tratta sempre di un'eccezione.

Comunque le prescrizioni anti-ecologiche sono tutte contenute nell'Antico Testamento, su cui purtroppo si è poi basata gran parte della dottrina di tutte le Chiese, che se lo sono tirato dietro dai primi secoli.

L'insegnamento di Cristo è molto, molto lontano dall'Antico Testamento e assomiglia piuttosto al Buddhismo, soprattutto Mahayana, il cui insegnamento essenziale è "l'amore compassionevole verso tutti gli esseri senzienti".

In visioni del mondo compatibili con l'Ecologia Profonda, anche con derivazioni molto diverse, si sono dati alla Totalità nomi come *Brahman - Atman - Tao - Inconscio ecologico - Campo di Planck - Grande Spirito -Mente Universale - Complesso Sistemico - Anima del Mondo.* In fondo si parla della stessa cosa con significati a volte leggermente diversi, ma siamo lontani dall'idea di un Dio personale ed esterno al mondo e dal materialismo della scienza ufficiale.

La situazione della Terra: come procedere se l'umanità avesse un minimo di saggezza

(19 maggio 2019)

Moltissimi scienziati, filosofi e pensatori sono d'accordo sull'estrema gravità della situazione del Pianeta. Si tratta di una maggioranza che raggiunge circa il 95%, ormai non più mascherata dalla minoranza che esprime parere contrario, costituita da pochissimi scienziati-filosofi finanziati in vari modi dalle multinazionali e dagli industriali in genere. I mezzi di informazione fanno tutto il possibile per far apparire "i due pareri" come numericamente quasi-paritetici e per rovesciare il principio di precauzione, allo scopo di continuare tutto come prima. Ma alcuni cominciano ad accorgersi della gravità della situazione, soprattutto perché i cambiamenti climatici, uno dei sintomi del male, sono ormai evidenti e velocissimi.

L'uomo non evita mai le catastrofi. Ne guarisce. Qualcuno l'ha detto: mi sembrano parole adattissime alla situazione attuale.

Ricordiamo "*I limiti dello sviluppo*": il grafico BAU (*business as usual*), uscito dal calcolatore quasi 50 anni orsono, indicava proprio in questo decennio (2010-20) l'inizio dell'evidenza dei veri problemi del mondo. Successivamente, in assenza di modifiche delle interazioni fra le grandezze considerate (che significa *il modo di vivere*) nelle proiezioni di quel rapporto si nota la scomparsa, a partire dal 2050, di almeno cinque-sei miliardi di umani, oltre l'estinzione e lo sterminio evidente di un numero molto più grande degli altri esseri senzienti.

Se nell'umanità restasse un briciolo di saggezza, si dovrebbe procedere come segue:

- Inondare il mondo di anticoncezionali;

- Diventare tutti quasi-vegetariani, come oranghi, gorilla, scimpanzé e bonobo;

- Cessare ogni estrazione e impiego di combustibili fossili;

- Non costruire più alcun veicolo con motore a combustione interna;

- Cessare ogni "produzione" di energia di origine non solare diretta;

- Smettere immediatamente la produzione e l'impiego di materie plastiche;

- Chiudere tutti gli impianti petrolchimici, o di chimica industriale in genere;

- Non abbattere più alcun albero, né distruggere un solo metro quadrato di foreste, né boschi in generale;

- Cessare immediatamente qualunque monocoltura e impiego di pesticidi;

- Non parlare più di economia, del PIL, dello spread, del reddito e simili amenità. Forse abolire anche il denaro e i concetti di ricchezza e povertà. Chiudere tutte le Borse: abbiamo vissuto almeno uno-due milioni di anni senza tutte queste sovrastrutture inutili e soprattutto dannose.

Poiché si tratta di utopie, il collasso del sistema sembra ormai inevitabile, a meno di un "meraviglioso imprevisto".

Ma tutto questo è puro ottimismo. L'ipotesi veramente pessimista è che tutto continui come prima, che ci sia "la ripresa" e si vada avanti con "la crescita": in tal caso infatti la situazione diventerebbe veramente una tragedia molto, molto, molto più grande con conseguenze difficilmente immaginabili.

Ora possiamo ricordare la corsa dei *lemmings* verso il mare e il suicidio, almeno per molti di loro. Gli ultimi, i più lenti, quelli che "non ci credono troppo" (circa il 20-30%), si salvano e tornano indietro: sono ancora là, in testa alla valle, lontano dal fiordo, dove gli altri sono annegati.

Dalla mail di un mio amico canadese: *"If there is not an economic collapse soon, something terrible is going to hap-*

pen" (Se non ci sarà presto un collasso economico, accadrà qualcosa di terribile)

La fine dell'economia

(giugno 2019)

L'approccio che tenterò di usare è quello sistemico (meglio battezzato come *sistemico-olistico*), in cui si considera ogni processo sempre insieme a tutte le sue cause e conseguenze, tenendo conto che qualunque parte influisce su qualunque altra, che a sua volta interagisce di ritorno. Ovvero, le parti in realtà non esistono. In ultima analisi esiste solo il Sistema Totale, perché tutti i suoi sottosistemi sono "aperti", cioè hanno qualche scambio con l'esterno, anche se talvolta molto piccolo. In genere abbiamo a che fare con sistemi *complessi*, di cui faremo qualche cenno. Risulterà evidente che, in un sistema complesso, un problema **non può essere risolto** mediante scomposizione nelle sue componenti. L'usuale approccio analitico, o *lineare* (tipico del paradigma *cartesiano-newtoniano*) è fuorviante e può portare a gravi errori.

L'evoluzione dei *sistemi complessi* non avviene in modo lineare: dopo un certo tempo, il sistema si trova in un punto detto di *biforcazione-instabilità* e/o comincia ad avere improvvisamente un andamento caotico. In ogni caso, dopo un tempo finito (che in alcuni casi può essere anche molto lungo) l'andamento diventa assolutamente imprevedibile anche in linea teorica. Per molti scienzia-ti-filosofi, tutto questo significa che si manifestano *feno-meni mentali*, in quanto avviene una "scelta" da parte del sistema. *Mentale* non significa necessariamente *cosciente*, come ben noto dopo un secolo di psicoanalisi.

In ogni caso, si ha l'emergenza di qualcosa di completamente nuovo, si ha un processo creativo.

Nei *sistemi complessi* compaiono proprietà nuove a causa delle influenze reciproche fra tutti i componenti, che interagiscono fra loro attraverso una *rete* di relazioni matematicamente non lineari. Esempio: un termitaio è un sistema altamente complesso. Invece un mucchio di sabbia ha un grado di complessità bassissimo. *Complesso* è molto diverso da *complicato*. Una macchina può essere complicata ma avere un basso livello di complessità, come in genere i sistemi esclusivamente meccanici.

Gli esseri viventi hanno un altissimo livello di complessità (uno stimolo in un punto si ripercuote su tutto il sistema), ma anche gli ecosistemi sono di norma molto complessi e quindi sono esseri senzienti, anche se non viventi in senso strettamente biologico. In particolare, come esempio, un termitaio o un alveare sono *esseri collettivi*. Se si considera che tutti i sistemi sono in realtà interconnessi, ne consegue che la presenza della mente è un fenomeno universale.

Se adesso consideriamo il Sistema Totale, anche limitandoci all'Ecosistema terrestre, e pensiamo all'Inconscio collettivo di Jung, possiamo chiamarlo

Grande Inconscio o Inconscio Ecologico, generalizzandolo alla Totalità Universale (che potrebbe essere *anche* cosciente). Naturalmente nessun sottosistema, essendo in realtà "aperto", cioè con qualche scambio con l'esterno, ha confini definiti con precisione: non esiste alcun *ego*, né alcuna entità completamente autonoma.

Concludiamo queste premesse: Le componenti della Natura hanno un grado di complessità molto elevato (*mente*), le opere della civiltà industriale hanno un grado di complessità molto basso (*inerti*).

Il sistema economico, essenza della civiltà industriale, è chiaramente un sottosistema del sistema Ecologico globale (o della Terra). Anzi, è un sottosistema legatissimo al Sistema più grande, soprattutto attraverso la necessità di sfruttare *risorse* e accumulare *rifiuti*, concetti sconosciuti nel Sistema naturale, che funziona *per cicli chiusi*. Inoltre, nella civiltà industriale il consumo di risorse e l'accumulo di rifiuti sono destinati a crescere, di solito con andamento esponenziale. Non ci vuole molto a rendersi conto che il sistema economico attuale è assolutamente incompatibile con il sistema più grande di cui comunque fa parte. Il fatto che sia andato avanti per circa due secoli, tempo insignificante per la Terra, è soltanto un'ulteriore prova che la civiltà industriale, che lo sostiene, sta per finire. Infatti in questo periodo cominciano a manifestarsi i primi sintomi di impossibilità, fra cui l'accumulo di rifiuti, la perdita di biovarietà e i cambiamenti climatici, tutti fenomeni con variazioni intollerabili, perché diecimila volte più veloci di quelle possibili nel sistema Terra.

L'andamento di un sottosistema è *sostenibile* se non altera in modo apprezzabile il funzionamento (o la Vita) del sistema più grande di cui fa parte. Tutte le altre definizioni di sostenibilità che circolano sono totalmente antropocentriche (dicono di *non nuocere alle generazioni future*) e quindi fuorvianti e inutili. In questo quadro, espressioni come *sviluppo sostenibile, green economy, economia circolare* sono state inventate nel tentativo di imbrogliare le carte per continuare tutto come prima.

A qualcuno sembra impossibile vivere in un modello ben diverso dalla civiltà industriale. E' opportuno ricordare che sono esistite sul Pianeta circa cinquemila culture umane: ben poche erano incompatibili con il Sistema Terra, la maggior parte potevano esistere a tempo indefinito all'interno del Sistema più grande. Purtroppo sono quasi completamente scomparse per l'invadenza della nostra civiltà e dei suoi valori. Tutto ciò non significa che dovremo vivere come una di queste ex-culture: significa che è possibile vivere in modo compatibile con il Sistema Terra, pur di allontanarsi completamente dai valori della civiltà industriale, cioè *abbandonare e dimenticare l'economia*.

L'argomento preferito dagli industrialisti-sviluppisti per invocare la crescita economica come il rimedio di tutti i mali è che si tratta dell'unico modo per dare a tutti *il lavoro*. Non ci vuole una gran fantasia per rendersi conto che *il lavoro per tutti non c'è più*, se si mantiene il concetto di lavoro proprio della civiltà industriale. Quindi bisogna cambiarlo alla radice: ad esempio, abolire le distinzioni fra lavoro pagato e lavoro volontario e fra lavoro e tempo libero. Forse occorrerà abolire anche il denaro. Molte culture umane sono vissute per tempi lunghissimi senza l'idea del denaro.

Per inseguire le follie dell'economia, siamo ridotti a dover "creare lavoro", cioè sostituire materia inerte a sostanza vivente (in questo consistono le "opere" della civiltà industriale), quindi distruggere la Vita, creando inoltre ulteriore infelicità, perché di norma quel lavoro non è gradito a chi è costretto ad eseguirlo.

I politici in genere sono una fonte di guai, ma non possono far niente se non si intaccano a fondo i valori della civiltà attuale: infatti vengono eletti solo se promettono l'aumento degli indicatori dell'economia, in particolare del solito dannato PIL. Siccome la crescita economica distrugge la Vita nella sua varietà, i politici ottengono il risultato per cui sono stati eletti soltanto se continuano a distruggere i processi vitali propri dell'Ecosistema. È comunque interessante sapere che, in tempi recenti, il re del Bhutan Jigme Singye Wangchuk ha introdotto, al posto del PIL, considerato un indicatore ben lontano dalla serenità mentale e da qualunque forma di "felicità", l'indicatore GNH (*Gross National Happiness*), che tiene conto non solo della salute psicofisica umana, ma anche della buona salute degli ecosistemi e degli altri esseri senzienti, oltre che della preservazione dei valori culturali tradizionali del Bhutan. Dobbiamo abolire l'economia!

In conclusione, premesso che:

- quando si cominciano a vedere gli effetti dei fenomeni che procedono con una legge matematica esponenziale, manca poco alla loro fine;

- la civiltà industriale, con il suo primato dell'economia, avanza con legge esponenziale all'interno del Sistema più grande di cui fa parte, cioè l'Ecosfera (o la Terra), ed è incompatibile con il suo funzionamento;

- da alcuni anni si cominciano a notare in modo evidente gli effetti della civiltà industriale nell'Ecosfera (sovrappopolazione umana, cambiamenti climatici, distruzione della biovarietà e degli ecosistemi, ecc.);

Se ne deduce che la sua fine è imminente.

I modelli culturali che si manifesteranno "dopo" dovranno essere compatibili con la Vita (o il funzionamento) dell'Ecosfera, di cui comunque faranno sempre parte. Per soddisfare queste esigenze più generali i modelli futuri dovranno avere come sottofondo filosofico forme di *non-antropocentrismo* e *non-materialismo* e dovranno... *buttare alle ortiche l'economia.*

Gestire il transitorio sarà un compito molto difficile, ma forse stimolante. La difficoltà più grande sarà la mostruosa sovrappopolazione umana che affligge la Terra.

Infine una citazione:

"La battaglia del futuro sarà la battaglia contro l'econo-mia"

(Tiziano Terzani).

Due Movimenti

(Agosto 2019)

Circa cinquanta anni fa c'è stato l'inizio di due movimenti:

- Uno, notissimo, è passato sotto il nome di "sessantotto", dal suo convenzionale anno di nascita, con alcune manifestazioni piuttosto concrete;

- L'altro, passato praticamente sotto silenzio, può essere definito un movimento di pensiero, ma con radici e conseguenze ben più profonde: ce ne stiamo accorgendo solo adesso, soprattutto per alcune manifestazioni molto gravi ed evidenti messe in opera dalla Terra. Proverò a battezzarlo sistemico-olistico, seguendo una definizione di Fritjof Capra, oppure non-antropocentrico.

Gli obiettivi principali del Movimento del *Sessantotto* erano soprattutto in campo sociale, anche con istanze pacifiste. Su questi punti il Movimento è fallito: le disuguaglianze sociali-economiche sono molto aumentate e ci sono più guerre di prima. Sono aumentati anche il consumo di psicofarmaci e la violenza in genere.

Perché è fallito? Le istanze del Movimento:

- Hanno riguardato soltanto il sociale e l'umano, con

la quasi-pretesa di risolvere i problemi con la politica. Non hanno mostrato alcun interesse per il mondo naturale e i rapporti con gli altri esseri senzienti;

- Hanno mantenuto pienamente il primato dell'economia;

- Non hanno mai contestato veramente "la crescita", né mai criticato chiaramente l'industrializzazione e il cosiddetto progresso, anzi, pretendevano di rappresentarlo;

- Non hanno cercato alcun collegamento con quelle correnti della scienza che cercavano di uscire dal paradigma materialista-meccanicista in atto.

L'ubriacatura del "progresso" è continuata più che mai, e i Sessantottini sono rimasti completamente antropocentrici. Non si sono mai resi conto che siamo parte di un Sistema molto più grande, cioè la Natura, e che solo se si è pienamente coscienti di questa realtà si può ottenere una vera svolta. Non hanno mai riconosciuto il valore "in sé" degli altri esseri senzienti. In altre parole, non hanno avuto alcun contatto con l'"altro" movimento, di cui farò cenno. Molti Sessantottini prendevano come modello il leader cinese Mao-tse-tung, quello che, in nome delle follie del materialismo storico e con il pretesto della "giustizia sociale", aveva dichiarato guerra alla Natura; come esempio, aveva fatto uccidere diversi milioni di piccoli uccelli perché mangiavano "i grani del popolo". Aderendo completamente ad un mostruoso antropocentrismo, Mao ha preparato anche la Cina di oggi, dove l'inquinamento è spaventosamente elevato e tutto viene antropizzato. A Mao è mancata completamente ogni percezione della posizione della nostra specie in Natura. Nella sua follia materialista, ha fatto distruggere una delle più antiche, pacifiche e spirituali culture della Terra, il Buddhismo tibetano. Ha lasciato in eredità la Cina attuale, con lo sfruttamento totale del mondo naturale, le mostruose città di 30 milioni di umani, luoghi di infelicità (è noto il forte aumento dei suicidi), porti allucinanti (Shanghai), ovunque distruzione della Vita. Ma i numeri dell'economia sono aumentati notevolmente, con grande gioia dei politicanti.

Quello che si è ottenuto ed è quasi-rimasto del Sessantotto si può così sintetizzare:

- Il femminismo ha portato un notevole miglioramento della posizione della donna con il raggiungimento di una quasi-parità o comunque di una specie di complementarietà paritetica;

- C'è stato un certo miglioramento pratico nell'accesso all'istruzione in genere: la scuola è meno di élite, anche se il risultato non è completamente raggiunto.

Il Movimento è poi stato quasi-riassorbito dal sistema industriale-economico, come i movimenti simili successivi, più piccoli e recenti. Forse il Sessantotto, filosoficamente materialista e meccanicista, è stato la massima espressione del nostro grande errore, *l'errore antropocentrico*: complici non richieste, le tre religioni abramitiche che hanno sempre sostenuto in modo abnorme questo errore.

Il movimento *sistemico-olistico*, ignorato, è nato più o meno nello stesso periodo ed è rimasto sul piano del pensiero e della visione del mondo. Ricordo alcuni eventi di quegli anni e di quelli successivi:

- La pubblicazione del Rapporto *I limiti dello sviluppo* (1972), unico studio completo condotto con modalità sistemiche, anche se è ancora antropocentrico;

- La pubblicazione del noto articolo di Arne Naess *The shallow and the deep* (1973) che costituisce una specie di atto di nascita dell'Ecologia Profonda, e dei libri di Fritjof Capra (*Il Tao della fisica*, *Il punto di svolta*), Gregory Bateson (*Verso un'ecologia della mente*, *Mente e Natura*), Rupert Sheldrake (*La rinascita della Natura*, *La mente estesa*);

- Il procedere degli studi e delle pubblicazioni sulla dinamica dei sistemi, in particolare dei sistemi complessi e dei fenomeni mentali che ne conseguono, fra cui le pubblicazioni di Ilya Prigogine (*La Nuova Alleanza*, *La fine delle certezze*);

- Le scoperte di etologia degli animali non-umani ad opera soprattutto di Konrad Lorenz (*Gli otto peccati capitali della nostra civiltà* e molti altri) e Jane Goodall;

- La indistinguibilità fra mente e materia conseguente

a decenni di studi di fisica quantistica, di fatto ignorati dalla scienza divulgata.

Ci sono diverse varianti, molte sfaccettature riconducibili a questo movimento, che non ha ancora trovato una sua unitarietà, una sua azione comune: cito la Decrescita, l'Ecopsicologia, l'Animalismo, il Vegetarianesimo e il Veganismo, l'anti-caccia, il Movimento Zeitgeist, l'adesione a filosofie orientali e native, il cancrismo, l'anti-industrialismo, la critica integrale alla civiltà (Primitivismo), la Permacultura, il Bioregionalismo, la Macrobiotica, la fine dell'economia, l'animismo-panteismo, i dissidenti cattolici (seguaci di Teilhard de Chardin), i credenti nella mente estesa, i movimenti "di transizione", i recenti movimenti giovanili contro i cambiamenti climatici, e chiedo scusa se ne ho dimenticato qualcuno. Potrebbero trovare una visione unitaria nel quadro dell'Ecologia Profonda, che ammette al suo interno diverse Ecosofie (*Arne Naess*).

Se non si modifica il paradigma *cartesiano-newtoniano* proprio dell'Occidente degli ultimi secoli, non si ottengono veri risultati duraturi per un cambiamento così profondo da riportarci in equilibrio con il resto del mondo naturale, di cui comunque facciamo parte. Inoltre, non possiamo continuare con il solito linguaggio sociale-economico-politico, ma dobbiamo basarci su un più solido linguaggio scientifico-filosofico.

Il Movimento del Sessantotto è rimasto pienamente in questo paradigma totalmente antropocentrico, molto diffuso ma ormai superato, anzi forse il Sessantotto è stata una grande espressione ed esaltazione dell'antropocentrismo.

L'altro movimento, quello *sistemico-olistico*, non-antropocentrico ma *ecocentrico*, più profondo, più filosofico, ma più lento e ancora in fase nascente, ci lascia qualche speranza, anche se abbiamo poco tempo a disposizione. Bisogna comunque rendersi pienamente conto che l'applicazione del suo sottofondo di pensiero significa la fine della civiltà industriale e la nascita di culture del tutto diverse, con l'eliminazione dell'economia, e forse anche del denaro stesso.

Altrimenti non ci resta che metterci sulla tolda del Titanic a goderci lo spettacolo.

Parte Terza

LO SPIRITO DELL'ALBERO

Sai che gli alberi parlano? Sì, parlano l'uno con l'altro e parlano a te, se li stai ad ascoltare. Ma gli uomini bianchi non ascoltano. Non hanno mai pensato che valga la pena di ascoltare noi indiani, e temo che non ascolteranno nemmeno le altre voci della Natura. Io stesso ho imparato molto dagli alberi: talvolta qualcosa sul tempo, talvolta qualcosa sugli animali, talvolta qualcosa sul Grande Spirito.

Tatanga Mani
(da: Recheis-Bydlinski,
Sai che gli alberi parlano? Il Punto d'Incontro, 1994)

Una persona non dovrebbe mai lasciare tracce così profonde che il vento non le possa cancellare.

Insegnamento dei nativi americani
del Nord-Ovest

Quando noi indiani uccidiamo, la carne la mangiamo tutta. Quando estraiamo le radici facciamo piccoli fori: quando costruiamo case facciamo piccoli buchi nel terreno. Non abbattiamo gli alberi: usiamo solo legno già morto. Ma quest'altra razza di uomo ara il terreno, abbatte gli alberi, uccide tutti gli animali. L'albero dice: "Non farlo. Mi fai male. Non ferirmi". Ma l'uomo bianco lo abbatte e lo taglia in pezzi. Come può lo Spirito della Terra amare quest'uomo?

Dovunque egli ha toccato, la Terra ne è rimasta ferita.

Etnia *Wintu* – Nativi americani
del Nord-Ovest

...Una volta che questa persona avrà acquistato familiarità con lo spirito umano, potrà cercare di entrare in contatto con lo spirito delle altre cose. Per esempio potrà entrare in contatto con lo spirito di un albero, riuscendo a parlare e comunicare con esso. Se riuscirà a parlare con un albero, allora potrà forse cominciare ad avere un'idea degli spiriti di tutti gli alberi che sono vissuti in quel luogo, poi di tutti gli uccelli e di tutti gli animali che in quello stesso luogo sono vissuti e sono morti. Ma se non si è capaci nemmeno di entrare in contatto con il proprio spirito, come si può sperare di entrare in contatto con lo spirito di un albero?

Rarihokwats
(dal libro Wovoka, LEF, 1982)

L'uomo bianco pensa che gli alberi, il fiume, gli animali siano tutte "cose" senz'anima, di cui può disporre. Noi indiani invece pensiamo che abbiano un'anima, una vita spirituale propria densa di significato. Questa è la differenza.

Un vecchio Lakota

Da qualche secolo una minoranza colta dell'Occidente ritiene che il nostro pianeta sia morto, sia una semplice sfera nebulosa di pietre inanimate che ruota attorno al Sole seguendo le leggi meccaniche. Questa è un'opinione molto azzardata, ove la si consideri in un contesto umano più ampio. Nel corso della storia quasi tutta l'umanità ha ritenuto che la Terra fosse viva.

L'ipotesi di Gaia è indubbiamente un notevole passo avanti verso un nuovo animismo; proprio per questo motivo è così discussa. D'altro canto suscita molto interesse perché ci ricollega agli schemi di pensiero del pre-meccanicismo e del pre-umanesimo.

Se Gaia è in qualche modo animata, allora deve possedere qualcosa di simile a un'anima, un principio organizzatore con fini e obiettivi propri. Ma non dobbiamo supporre che la Terra sia cosciente solo perché sembra viva e provvista di intenzionalità. Potrebbe essere cosciente, ma se lo fosse la sua coscienza probabilmente sarebbe incredibilmente diversa dalla nostra, che è inevitabilmente influenzata dalla cultura e dal linguaggio degli uomini. D'altro canto, potrebbe anche essere completamente inconscia. Oppure potrebbe, come noi, essere una creatura dalle abitudini inconsce provvista, a volte, di una certa dose di coscienza. Questo interrogativo deve restare aperto. Che cosa cambia se consideriamo la natura viva piuttosto che inanimata? Primo, mettiamo in crisi le ipotesi umanistiche su cui la civiltà moderna è basata. Secondo, instauriamo un rapporto diverso con il mondo naturale e acquistiamo una prospettiva diversa della natura *umana. Terzo, diventa possibile una nuova sacralizzazione della natura.*

Rupert Sheldrake, La rinascita della
Natura, Ed. Corbaccio, 1994

L' etica della Terra e l'uomo come animale

(27 marzo 2014)

Oggi sappiamo che cosa è l'uomo: è un animale, fa parte dei cicli naturali, si nutre, si sviluppa, si riproduce e muore come tutti i mammiferi. Anche il suo comportamento è riconducibile a quello degli altri animali più simili.

Nella cultura occidentale, e quindi ormai in tutto il mondo, ancora oggi la nostra specie non è di fatto considerata una parte della Biosfera, ma come un elemento *esterno* rispetto al quale si misura ogni valore. Ora invece sappiamo che l'uomo *non* è nella posizione di "abitante di una casa", ma è come un gruppo di cellule di un Organismo, da cui dipende totalmente. Infatti l'ecosistema globale è un Organismo: questa posizione della nostra specie deve ancora essere recepita dalle correnti filosofiche occidentali, oltre che da tutte le istituzioni.

La percezione dell'appartenenza della nostra specie alla Natura avrebbe dovuto essere accolta con grande serenità: era come liberarsi da un peso inutile. Invece non è stato così, o forse non ancora: nel linguaggio corrente, nell'etica, nel diritto, l'uomo è ancora considerato *in contrapposizione* con l'idea di animale.

La posizione "esterna" dell'uomo, ormai esportata in tutto il mondo, è il sottofondo di pensiero che ha provocato i grossi guai in cui ci troviamo.

Considerare l'uomo al di sopra o al di fuori dell'Ecosistema ha causato anche il drammatico aumento di popolazione umana, il primato dell'economia e la spaventosa crescita dei consumi che hanno caratterizzato gli ultimi due secoli.

I guai vengono soprattutto dal primato del sistema economico, cioè il processo di *produrre-vendere-consumare*, che si può ricondurre ad un'unica variabile, il denaro. Inoltre preleva *risorse* e produce *rifiuti*.

Il sottosistema economico non può funzionare in un sistema complesso e stazionario come la Biosfera, che dipende da un gran numero di variabili. In sostanza il processo economico impedisce l'omeostasi della Biosfera, cioè danneggia la sua capacità di riportarsi in condizioni stabili, di autoripararsi: il sistema complessivo cessa di essere *stazionario*. In un vivente questo corrisponde alla morte dell'organismo.

Assieme all'operazione di essersi tirato fuori dalla Biosfera, ponendosi "al di sopra" di essa, l'uomo occidentale *ha tolto l'anima al mondo*.

Ma oggi, anche senza uscire dalla nostra cultura, alcuni pensatori hanno ampliato il concetto di *mente* fino a renderlo indipendente dal supporto di un sistema nervoso centrale: la mente sarebbe semplicemente frutto di una certa complessità (*Gregory Bateson*). Gli altri viventi, una foresta, una palude, un termitaio, una specie, sono entità dotate di mente (se volete, sono *esseri collettivi*): partendo da un altro approccio, già lo psichiatra junghiano James Hillmann (autore, fra molti altri libri, di *Politica della bellezza* e *Il piacere di pensare*) parlava della nostra immersione nell'*Anima del mondo*. È evidente che si può parlare di mente associata al sistema *totale*, ovvero a tutta la Biosfera: abbiamo così ritrovato l'idea di *Gaia* già teorizzata da altri scienziati (*Lovelock, Margulis, Sheldrake*).

Ci siamo portati su posizioni ben lontane dall'idea tradizionale dell'uomo che studia dall'esterno e manipola a suo piacimento un mondo fatto di materia-energia. La distinzione fra mondo energetico-materiale, al servizio della nostra specie, e mondo mentale-psichico-spirituale, da molti considerato ancora oggi come esclusiva umana, si è dissolta. Qui siamo molto lontani anche dall'idea che la mente sia soltanto "il prodotto" di un sistema nervoso centrale.

Per ora, si tratta del pensiero di minoranze. Ma, oltre alle filosofie di spiriti più o meno isolati, ci sono le religioni, che hanno un'influenza ben maggiore sulle moltitudini.

Le religioni, più che pensare a quale sia "la verità", dovrebbero diffondere sentimenti di empatia e di amore verso tutti gli esseri senzienti, verso tutte le entità naturali, sentite con una forma di sacralità.

Perché sia presente il senso del *sacro*, non è necessario postulare l'esistenza di un Dio *personale ed esterno al mondo* che si occupa esclusivamente degli umani, come nelle tradizioni originarie del Medio Oriente e diffuse nella cultura occidentale.

Riassumendo, l'etica richiede una sorta di empatia verso tutte le entità naturali.

L'*etica della Terra* non è soltanto una posizione filosofica, è soprattutto una necessità per mantenere in vita e in salute l'Organismo cui apparteniamo, assieme alle altre specie, agli ecosistemi, all'atmosfera, al mare, ai fiumi, alle montagne.

La Foresta: un Ecosistema impossibile da ricostruire o riforestare

(29 aprile 2014)

Una foresta distrutta è per sempre.

Proviamo a camminare in un bosco. Cosa vediamo attorno a noi? Alberi, funghi, felci, scoiattoli, uccelli. Poi c'è l'aria, il soffio del vento che fa stormire i rami, ci sono il sole, il cielo, le nuvole; inoltre ci sono le relazioni fra tutti i componenti, che sono spesso più significative dei singoli viventi. L'essere vivente deve respirare, le piante verdi devono ripristinare l'ossigeno, ciascuno deve mangiare, poi lascia dei residui che sono risorse per altri esseri. Quando un vivente muore, la materia che ne costituiva il corpo è di nutrimento ad altri. Come esempio, i funghi vivono sulle sostanze in decomposizione, l'erba e le altre piante vivono sulle sostanze di scarto degli animali. Tutto il complesso resta in sostanza ciclicamente simile a sé stesso, almeno se consideriamo i tempi che qui ci interessano. Tutto quello che abbiamo visto non è un "ambiente", come se si trattasse della nostra casa. Noi siamo un componente del mondo naturale, siamo come le cellule di un Organismo. La nostra costituzione, il nostro comportamento e le nostre emozioni sono dello stesso tipo di quelle degli altri Mammiferi. A livello cellulare, la Vita è la stessa in tutti i Viventi.

L'ecologia è la percezione di far parte integrante di un Complesso molto più vasto, l'Ecosistema (o la Terra), ed avere come primo valore la buona salute di questo Organismo. Dagli studi sui sistemi e sugli esseri collettivi, sappiamo che, oltre un certo grado di complessità del sistema, si ha l'emergenza di fenomeni mentali. Il sistema "sceglie" la via da seguire dopo ogni biforcazione-instabilità: la via che verrà seguita è assolutamente imprevedibile, anche in linea teorica, sulla base di eventi precedenti avvenuti nel mondo energetico-materiale. Si tratta quindi di un fenomeno mentale. Poiché tutti i viventi e gli ecosistemi sono sistemi altamente complessi, ne consegue che è corretto attribuire a tali entità la denominazione di "esseri senzienti". Così è per una foresta, che ha una grande varietà di viventi e di relazioni organiche/inorganiche.

C'è un fluire di materia e di energia tra un vivente e l'altro e con il mondo inorganico, il terreno, l'humus, gli esseri piccolissimi. Non c'è alcun motivo per dubitare che ci siano anche scambi mentali. Il sistema foresta si mantiene in questo modo a tempo indeterminato senza grosse variazioni permanenti, a meno che ci siano azioni drastiche che lo fanno uscire dalle sue capacità di autocorreggersi. Il bosco si mantiene in modo autonomo, senza interventi esterni, a parte la necessità che venga rifornito continuamente di energia solare, che restituirà alla fine dei suoi processi: non può accumulare continuamente energia, altrimenti non sarebbe in condizione stazionaria, o vitale. Il flusso energetico è indispensabile, come in tutti i viventi, che sono "strutture dissipative", cioè si mantengono in condizioni stazionarie lontane dall'equilibrio termodinamico attraverso un fluire di energia.

Anche la Terra nel suo complesso si mantiene in vita se il suo grado di biovarietà è sufficiente: ha bisogno solo dell'energia del Sole, che restituirà infine allo spazio cosmico. Gli umani sono una componente di questo sistema totale: possono vivere soltanto se si mantiene in vita il complesso di cui fanno parte. La varietà è alla base della vita: varietà e vita si devono intendere anche come caratteristiche di un ecosistema, o – come esempio – di una società di termiti, che costituisce un essere collettivo; oppure di Primati, e quindi anche di umani.

L'emergenza di fenomeni mentali nei sottosistemi del bosco significa che si formano esseri collettivi mentali, e così possiamo considerare gli Elfi, o le altre entità presenti nelle tradizioni di tutti i popoli delle foreste. L'esistenza di questi esseri collettivi ha una durata di ordine di grandezza molto superiore alla durata di vita di ogni singolo componente, o di qualunque vivente in senso materiale-biologico: infatti, secondo tutte le tradizioni, gli Elfi "sono immortali". Vivono tanto più a lungo di noi, che sono stati considerati in pratica come immortali. Anche le emozioni che si provano nell'immersione in una foresta intatta possono essere scambi con questi esseri senzienti.

La comunità di milioni di vite diverse del suolo, sia macroscopiche che microscopiche, fa parte integrante della vita del bosco, che si autosostiene. Invece, nei campi coltivati della civiltà industriale si impiegano grandi quantità di sostanze chimiche: fertilizzanti, antiparassitari, energia proveniente da molto lontano (prodotti petroliferi), e così via. Poiché il campo non ha una sufficiente varietà interna per autosostenersi, deve essere continuamente "mantenuto" con sostanze estranee molto pericolose. Questo accade da pochi decenni, cioè un attimo nella storia dell'umanità, che ha milioni di anni. Quando abbiamo distrutto una foresta, non illudiamoci che si possa rimediare con la "riforestazione", anche se è meglio di niente: nessuna "piantagione" di alberi potrà mai costituire una foresta. Un campo e una piantagione non sono ecosistemi.

Il Valore in Sé
delle Entità Naturali

(31 maggio 2014)

La filosofia è generalmente considerata come antropocentrica ed i filosofi trattano di questioni legate all'uomo. Ma si tratta soltanto di un pregiudizio culturale, privo di ogni fondamento. Coloro che sono interessati alla natura e agli animali studiano solitamente biologia, veterinaria o scienze naturali. Ma il modo in cui la biologia descrive la natura può anche mettere a disagio. La foresta è un luogo per esperienze estetiche: in una foresta si può vivere la propria relazione con gli altri esseri senzienti.

Leena Vilkka è docente di filosofia all'Università di Helsinki: la sua tesi di dottorato è stata sulla filosofia ambientale. La studiosa sostiene che la natura e gli animali hanno valori intrinseci indipendenti dal valore umano e che interi ecosistemi possono avere valori non riconducibili ai singoli individui. Come temi dei suoi studi avanzati, Leena scelse il valore intrinseco della natura e la coscienza animale, soggetti di solito evitati da tutti filosofi, compresi i finlandesi. L'idea prevalente in Finlandia, come in tutto l'Occidente, è una concezione creata dalla scienza "ufficiale", dalla tecnologia, dalla società industriale ed economica. Secondo tale idea la natura è solamente una riserva di materiale a disposizione dell'uomo. Ovunque si sono costruite strade, mercati e case residenziali al posto delle foreste. Questo è un delitto: la foresta è un valore molto più grande di qualunque costruzione umana. I filosofi occidentali precedenti (salvo eccezioni) consideravano impossibile l'intrinseco valore della natura, perché la natura appartiene alla sfera delle scienze naturali, mentre i valori sono generati dall'attività umana. Ma i valori non esistono solo nell'uomo ma nelle piante, negli animali ed anche negli ecosistemi. Il punto di partenza più naturale per trovare i valori è di cercarli negli altri animali, dove certamente esiste la sofferenza, che ha uno scopo ben definito in natura: incrementa le possibilità di sopravvivenza. Dal lato opposto della sofferenza c'è il benessere.

Per un lupo, l'alce ha un valore strumentale, come preda che sostiene la vita ed il benessere del lupo. Lo stesso lupo può attribuire ai membri del proprio branco un valore intrinseco: non li tratta come meri strumenti. Gli animali creano valori indipendentemente da ciò che l'essere umano pensa di loro. L'essere umano può promuovere o danneggiare le sensazioni di un altro essere, ma il suo sentire rimane indipendente dall'uomo. Che una pianta di casa cresca rigogliosa o meno può dipendere dagli umani, però il suo benessere o malessere è una qualità propria della pianta. Il problema nasce dall'affermazione della mancanza d'identità nelle piante. Se una pianta non ha identità, cos'è che soffre o che prospera? Ma non c'è proprio niente che ci possa far affermare che le piante non hanno un'identità. Il livello più impegnativo sono i valori collettivi: i sistemi possono avere valori non riconducibili agli individui? La tradizione filosofica lega i valori agli individui e perciò non comprende che una montagna possa avere un valore intrinseco, né che la Natura come un tutto possa essere un soggetto con una coscienza olistica. Ma una montagna od un fiume possono provare 'esperienza'. Così ci troviamo con le idee dell'ecologia profonda.

Da un filosofo di Treviso (Francesco Lamendola):

Noi crediamo di sapere tutto del mondo della natura. In genere, però – almeno nella prospettiva della scienza occidentale moderna – abbiamo trascurato di considerare la presenza di una dimensione spirituale che, così come si manifesta nell'uomo, indubbiamente è presente in ogni altro ente naturale: animale, vegetale, minerale, acqua ed aria comprese.

Vi è un abete rosso tuttora vivente, in Svezia, la cui età è stata stimata in circa 8.000 anni: ciò significa che era già un grande albero millenario prima ancora che sorgesse l'Impero Romano, prima che Socrate insegnasse a filosofare e prima che Buddha indicasse agli uomini la sua strada per uscire dal dolore e dalla sofferenza. In base a quale folle presunzione possiamo pensare che un organismo vivente superiore, che ha vissuto innumerevoli inverni e primavere, estati ed autunni, abbia condotto una esistenza del tutto cieca e inconsapevole, senza neppure manifestare la felicità di vivere e di poter godere dell'impareggiabile spettacolo di un mondo vivo, rischiarato dalla luce del Sole di giorno, e impreziosito da migliaia di astri brillanti nel cielo notturno?

(Alberi e piante manifestano visibilmente emozioni e sentimenti? – Arianna Editrice, 25-8-2009)

Infine, una citazione dai nativi del continente americano:

...Una volta che questa persona avrà acquistato familiarità con lo spirito umano, potrà cercare di entrare in contatto con lo spirito delle altre cose. Per esempio potrà entrare in contatto con lo spirito di un albero, riuscendo a parlare e comunicare con esso. Se riuscirà a parlare con un albero, allora potrà forse cominciare ad avere un'idea degli spiriti di tutti gli alberi che sono vissuti in quel luogo, poi di tutti gli uccelli e di tutti gli animali che in quello stesso luogo sono vissuti e sono morti. Ma se non si è capaci nemmeno di entrare in contatto con il proprio spirito, come si può sperare di entrare in contatto con lo spirito di un albero?

Rarihokwats (dal libro Wovoka, LEF, 1982)

Esseri umani e animali: istinto, intelligenza o anima?

(12 dicembre 2014)

Nella tradizione della cultura occidentale e nell'insegnamento delle religioni giudaico-cristiana e islamica, il concetto di *anima* ha in genere il significato di un'entità stabile, permanente, autonoma e unitaria. È qualcosa che "c'è" o "non c'è". Viene associata esclusivamente all'essere umano, in senso individuale.

Per il materialismo, che è l'ala "ufficiale" della scienza meccanicista ed ha oggi un notevole séguito in Occidente, l'anima non esiste e il pensiero si riduce a una specie di secrezione del cervello: nessuna considerazione per la mente sistemica di un sistema altamente complesso.

Alla luce delle conoscenze attuali di una scienza più estesa, della psicologia transpersonale, della teoria dei sistemi e della fisica quantistica, entrambe le posizioni sono insostenibili. Si tratta, come al solito, di quelle concezioni contrapposte tanto comuni nella nostra civiltà attuale.

Oggi sembra più logico pensare in termini di *mente-psiche-spirito*: un'entità variabile e senza confini definiti, che si modifica nel tempo ed è caratteristica di tutti i sistemi oltre un certo livello di complessità. Sarà bene anticipare subito che *tutti i sistemi viventi hanno un livello di complessità molto elevato.* È evidente che, in questo quadro, dire che l'uomo ha l'anima e gli animali "non ce l'hanno" è privo di qualunque significato.

Tutti i viventi sono anche senzienti, e tali sono tutte le entità naturali, come ecosistemi, complessi di viventi, vegetali, esseri collettivi, ecc. Gli esseri senzienti (che non significa necessariamente coscienti) hanno un "valore in sé", indipendente da ogni riferimento umano.

Il problema della contrapposizione uomo-animali non esiste, perché l'uomo *è* un animale a tutti gli effetti: non c'è alcuna separazione, né alcun confine.

Tuttavia la nostra specie non perde alcuna importanza, perché un gruppo di cellule ha maggior "valore in sé" se lo si vede come parte integrante di un Organismo di quanto ne abbia se considerato isolato. L'uomo sta alla Natura come la parte al Tutto, come un tipo di cellule sta all'Organismo psicofisico di cui fa parte.

Dare un valore "in sé" a tutte le entità naturali e alle relazioni che le legano vuol dire attribuire un profondo significato alla Vita e al mondo, accettarne e comprenderne la spiritualità immanente.

Qualche anno fa è stato pubblicato in italiano un libro di uno scienziato olandese (*R.Corbey – Metafisiche delle scimmie* – Bollati Boringhieri, 2008), in cui, oltre ad altre considerazioni, si ricerca quali possano essere le caratteristiche che dividono l'umano dall'animale. In un recente passato si è sempre dovuto spostare questo confine, man mano che si accumulavano nuove scoperte e nuovi studi, ma infine il tentativo di mantenere comunque una divisione è fallito: il confine non esiste. Gli altri animali giocano, soffrono, amano, hanno emozioni profonde, sono coscienti, tengono un comportamento del tutto paragonabile a quello umano.

Allora, qual è la facoltà che consente di attribuire a un'entità dei "diritti soggettivi"? Se fosse qualche forma di coscienza o consapevolezza, non si capisce con quale logica si riconoscono diritti alle persone in coma o agli embrioni umani e non si considera degno di considerazioni morali soggettive un essere consapevole e senziente come un orango o un delfino.

È ormai evidente poi che la storiella che veniva raccontata ai bambini una cinquantina di anni fa, che cioè la nostra specie "ha l'intelligenza" mentre gli animali hanno soltanto "l'istinto" è qualcosa che fa sorridere, alla luce di studi recenti sulle emozioni, i sentimenti, il comportamento e la struttura delle società di tanti esseri viventi.

In questo quadro, anche il problema etico del riscatto dalla sofferenza da parte degli esseri senzienti non-umani non esiste: il riscatto dalla sofferenza avrà la stessa storia per gli umani e per i non-umani, essendo della stessa natura. Gli altri esseri vivono la nostra stessa avventura. Niente scompare, tutta la sofferenza dovrà risolversi, i conti torneranno per tutte le entità naturali. Questo dà anche ragione di una forma di "reincarnazione", anche se di tipo non necessariamente individuale, l'unico che la cultura occidentale attuale sembra disposta a comprendere, attribuendolo di solito a concezioni "orientali" o "esotiche". Tra l'altro, se ci chiediamo cosa ci accadrà dopo la morte, è logico anche domandarsi cosa eravamo prima della nascita.

Gran parte delle posizioni attuali della cultura occidentale derivano dalle religioni che si sono originate nella regione medio-orientale ed hanno invaso il mondo, spesso con la violenza, diffondendo ideologie mostruosamente antropocentriche. Le istituzioni che le rappresentano continuano quest'opera: a parte le amenità sul concetto di "anima", anche sul piano pratico si agitano non poco per quattro cellule surgelate (purché *umane*) e non dicono una parola sulle spaventose sofferenze inflitte a tanti esseri senzienti o sulla distruzione degli ecosistemi. Il pensiero materialista non ha cambiato nulla mantenendo l'uomo "al centro" attraverso una specie di "merito selettivo", che gli ha conservato l'esclusiva mentale-spirituale.

Viene comunque spontaneo chiedersi se sia più materialista una visione del mondo in cui tutto è soltanto materia inerte, tranne una sola specie "privilegiata", o un sottofondo di pensiero in cui qualunque entità naturale evidenzia lo spirito, la mente o l'Anima del mondo.

Religioni, Ecologia e Uomo: quali sono le correlazioni?

(1 febbraio 2015)

Complotti, offese religiose, fanatismo, petrolio, servizi segreti, libertà, chi provoca e chi reagisce, chi offende e chi uccide, non manca niente. Oppure manca qualcosa?

Le istituzioni che rappresentano Cristianesimo, Ebraismo, Islam sono in realtà sempre state in lotta, con fasi alterne e qualche pausa.

Queste istituzioni hanno come caratteristiche "comuni":

- Credono fermamente in un Dio personale ed esterno al mondo, creando un dualismo for-tissimo nel pensiero umano (Creatore-creatura o Dio-mondo);

- Considerano semplicemente come "ambiente dell'uomo" (visione antropocentrica) un complesso di venti-trenta milioni di specie di esseri senzienti, con tutte le relazioni che li legano e gli ecosistemi che li comprendono. Non hanno alcuna considerazione per il mondo naturale, visto come al servizio dell'uomo, essere del tutto privilegiato e diverso;

- Non danno importanza a questa vita, rimandano tutto all'altra vita (che sarebbe eterna), dove gli umani (e soltanto loro!) saranno premiati o puniti;

- Considerano "verità" qualcosa accaduto negli ultimi tremila anni (o meno), senza accor-gersi che si tratta di un milionesimo dell'esistenza della Vita e di un millesimo della sto-ria dell'umanità. Si basano su pochi libri considerati "sacri e intoccabili" e su alcuni uo-mini storicamente vissuti;

- Mente estesa, Anima del Mondo, Inconscio Ecologico, Animismo, esseri senzienti, Madre Terra: non sanno neanche di cosa stiamo parlando, o fanno finta di non saperlo. Forse perché se ci sono queste idee di fondo, o comunque se si trova la Divinità immanente nel-la Natura, non c'è più bisogno di intermediari: quelle tre visioni del mondo (che in realtà sono una sola) possono andare a casa.

Dal punto di vista filosofico, le tre religioni abramitiche (Cristianesimo, Ebraismo, Islam) sono praticamente uguali: forse è proprio per questo che sono sempre state in forte contrasto fra loro, con fasi alterne.

La parte laica dell'Occidente si scosta da qualcuno dei punti citati, ma ha fatto un'alleanza con la parte "religiosa", ha sostituito il merito selettivo dell'evoluzione biologica al diritto divino conservando alla nostra specie tutti i suoi privilegi e il suo distacco dal mondo naturale, in netto disaccordo con le sue stesse conoscenze. *Ora veniamo a quanto sta accadendo in questo periodo.*

Le estrapolazioni in avanti di moltissimi fenomeni in corso (fra cui soprattutto l'aumento della popolazione umana sul Pianeta, 80-90 milioni all'anno, e la crescita dei consumi) danno risultati palesemente paradossali già attorno all'anno 2030: non vi si potrà arrivare così, tranquillamente, continuando come ora. L'innesco di "qualcosa" che faccia arrestare molte tendenze attuali, come la crescita economica, è da attendersi entro la fine di questo decennio. Nessuno ci pensa semplicemente perché ogni modello culturale umano è incapace di concepire la propria fine.

Uno dei modi con cui la Terra inizia a difendersi dalle distruzioni provocate dalla nostra civiltà può essere il sorgere di esaltazioni fanatiche (e contro-fanatiche), in una gran parte dell'umanità. Ne scoppierebbe una violenza diffusa a pelle di leopardo, senza fronti di guerra, ma che potrebbe essere l'innesco della fine della civiltà industriale, che crede di poter arrivare presto a una Terra con 12 miliardi di individui di un Primate di 80 Kg che pretende anche di mangiare carne.

Non importa ipotizzare che la Terra sia un essere senziente (non *necessariamente* cosciente) come nella teoria di Gaia: possiamo anche considerarlo un sistema complesso in evoluzione, in procinto di recuperare le sue capacità omeostatiche e riportarsi in una situazione consona con i suoi tempi di variazione, che sono diecimila volte più lunghi di quelli che caratterizzano i processi attuali.

Una forma di collasso è non soltanto possibile, ma quasi-utile, per salvare il Complesso dei Viventi, in gravissimo pericolo: questa civiltà ha ormai invaso il pianeta e il numero di umani ha largamente superato ogni valore tollerabile.

Forse la nostra specie ha la possibilità di influire sui grandi eventi più o meno quanto un gabbiano ha il potere di modificare l'andamento delle tempeste. Il gabbiano può volare con il vento a favore o contro, può rifugiarsi sulla scogliera in attesa che finisca il turbine. La tempesta sono le Forze Sistemiche (anche mentali) del Complesso "Terra" o "Ecosistema", il gabbiano è una sua piccola componente, come gli altri esseri senzienti. Le possibilità della nostra specie sono dello stesso tipo.

Terminerò in modo "ottimistico" (si fa per dire): l'attuale civiltà industriale sempre-crescente è il modello culturale umano più distruttivo per la Vita che sia mai comparso sulla Terra. Quindi la sua prossima fine dovrebbe rallegrarci. Bisognerà comunque gestire la transizione, e non sarà facile.

... E il bonobo trasmise alla mente dell'ateo, con una simpatica risata: "Ma perché ti preoccupi tanto di dimostrare che Dio non esiste? Allora sei anche tu un fanatico religioso. Vieni con me a saltare fra gli alberi della foresta!

Mente e Natura

(16 aprile 2015)

Come premessa, è utile un piccolo accenno alla fisica quantistica e alle sue conseguenze successive.

Nei primi decenni del ventesimo secolo è iniziato in Occidente un cambiamento di pensiero molto radicale, una modifica di paradigma, tuttora in corso. Infatti, nel 1927 Werner Heisenberg formulò il *"principio di indeterminazione"* (all'inizio sulle particelle), che si applica a molte coppie di grandezze, fra cui la coppia *energia-tempo*: se fissiamo un istante *esatto*, cioè vogliamo che sia nulla l'indeterminazione del tempo, la massa-energia è completamente indeterminata, il che significa che la particella *non è niente di definibile in alcun modo*.

Solo l'osservazione, cioè *un aspetto mentale*, può definire il fenomeno. Come noto, Erwin Schroedinger riuscì a formulare un'equazione differenziale che descrive l'andamento nel tempo della *probabilità* di trovare una "particella" in una determinata posizione. E' qualcosa di molto evanescente e sfumato, ma comunque siamo ancora in grado di descrivere un andamento *nel tempo*. Forse il pensiero corrente ha accettato l'unificazione energia-materia, ma non è andato oltre.

Sempre di entità *fisiche* si tratta.

Secondo idee diffuse ancora oggi, la mente *indaga dall'esterno* il mondo fisico oggettivo ed è sempre soltanto *umana* (idea oggi completamente ma faticosamente smentita).

Nella seconda metà del Novecento lo studio della *dinamica dei sistemi* portò al concetto di *sistema complesso*: un sistema con un certo grado di complessità ha una evoluzione *non prevedibile neanche in termini probabilistici*. Oltre un certo orizzonte temporale (una quantità finita) l'evoluzione del sistema è completamente imprevedibile, anche in linea teorica. Nel sistema complesso si manifestano fenomeni mentali. In particolare tutti i viventi sono sistemi altamente complessi. Anche il problema dell'"osservatore umano" ha cambiato aspetto, in quanto la cosiddetta "osservazione" è divenuta una biforcazione-instabilità dell'intero sistema. *La Mente è ovunque.* Mente non vuol dire *necessariamente* coscienza.

L'evoluzione del pensiero che abbiamo seguìto ha come sequenza: *Indeterminazione – Fisica quantistica – Dinamica dei sistemi complessi – Mente degli esseri senzienti (anche collettivi).*

Ritroviamo un mondo naturale fatto di entità anche mentali, senza alcun confine preciso: lo spirito dell'albero, della palude, del torrente.

Se parliamo della mente associata al Sistema Totale, ci ritroviamo con l'Anima del Mondo di Hillmann.

La concezione che tutta la Natura è anche Mente, che richiama le idee animiste-panteiste di molte culture umane, è incompatibile con l'attuale civiltà industriale, in cui si richiede la manipolazione di materia "inerte". I guai del mondo sono causati dall'attuale visione completamente antropocentrica. L'unica soluzione reale è abbandonarla: quindi dobbiamo sviluppare una visione *ecocentrica*, propria dell'*Ecologia Profonda*, che si può manifestare in molte varianti, o *Ecosofie*, dove *l'etica riguarda tutta la Natura*. Questa *non* è solo una visione filosofica, perché richiama la necessità di tenere in buona salute l'Organismo cui apparteniamo, insieme alle altre specie, agli ecosistemi, al mare, ai fiumi e alle montagne.

L'uomo è un animale, anche facilmente classificabile. La differenza con uno scimpanzé bonobo è dell'ordine dell'1%. Le differenze sono quantitative, non qualitative. Tutti gli esseri viventi sono anche *senzienti (Konrad Lorenz, Jane Goodall, Irene Pepperberg, Frans de Waal, Rupert Sheldrake, Roberto Marchesini)*. Se poi vogliamo ricordare uno dei più profondi pensatori *(Gregory Bateson)*:

Secondo Bateson la mente è una conseguenza necessaria e inevitabile di una certa complessità, la quale ha inizio molto tempo prima che degli organismi viventi sviluppino un cervello e un sistema nervoso superiore. Egli sottolineò anche che caratteristiche mentali sono manifeste non solo in singoli organismi, ma anche in sistemi sociali e in ecosistemi, che la mente è immanente non solo nel corpo ma anche nelle vie e nei messaggi fuori dal corpo. Una mente senza un sistema nervoso? La mente si manifesterebbe in tutti i sistemi che soddisfano certi criteri? La mente sarebbe immanente in vie e messaggi fuori dal corpo? Queste idee erano così nuove per me che, a tutta prima, non riuscii a dar loro un senso. La nozione di mente di Bateson non sembrava aver nulla a che fare con le cose da me associate alla parola "mente".

Fritjof Capra – *Verso una nuova saggezza* – Feltrinelli, 1988

Come esercizio, invece della Genesi dell'Antico Testamento e del Dio *esterno al mondo:*

I fiumi, o caro, scorrono gli orientali verso oriente, gli occidentali verso occidente. Venuti dall'Oceano celeste, essi nell'Oceano tornano e diventano una cosa sola con l'Oceano. Come là giunti non si rammentano di essere questo o quest'altro fiume, proprio così, o caro, i viventi, che sono usciti dall'Essere, non sanno di provenire dall'Essere. Qualunque cosa siano qui sulla Terra – uomo, tigre, leone, lupo, cinghiale, verme, farfalla – essi continuano la loro esistenza come Tat. Qualunque sia questa essenza sottile, tutto l'Universo è costituito di essa, essa è la vera realtà, essa è l'Atman. Essa sei tu o Svetaketu.

Chandogya Upanishad, 10° khanda

Il ragionamento sistemico e la sopravvivenza del Pianeta Terra

(21 settembre 2016)

È ormai evidente che il mondo attuale, frutto dell'espansione della civiltà industriale, è in gravissima crisi. Gli andamenti attuali di molte grandezze non possono continuare ancora a lungo. Le idee di Gregory Bateson, se diffuse come sottofondo del pensiero generale, possono dare un valido contributo a un deciso cambio di rotta per evitare eventi fortemente traumatici. La situazione attuale è frutto di approcci di tipo lineare, non sistemico.

La necessità di ragionare in modo sistemico sostenuta da Bateson è quindi molto importante per tornare a situazioni compatibili con la Vita della Terra.

Ecco due citazioni di Gregory sull'argomento "sistemico":

"La carenza di saggezza sistemica è sempre punita."

Verso un'ecologia della mente

"Quale struttura connette il granchio con l'aragosta, l'orchidea con la primula e tutti e quattro con me? E me con voi? E tutti e sei noi con l'ameba da una parte e con lo schizofrenico dall'altra?"

Mente e Natura

Qualche esempio:

Quando si è cominciato a costruire automobili, e automezzi in genere, si è ragionato più o meno così: vogliamo andare da un posto all'altro più velocemente possibile, in modo autonomo e privato. Risultato: l'automezzo con motore a scoppio, alimentato da combustibili fossili.

Il ragionamento sistemico avrebbe richiesto di mettere in conto gli effetti e le retroazioni sull'atmosfera, sulla salute di tutti gli esseri senzienti, sul consumo di territorio, sulle strade, sullo smaltimento dei pneumatici, sulla distruzione delle foreste per estrarre i combustibili e per le raffinerie, gli scarichi, le polveri, e tutti i danni conseguenti. Non avremmo mai costruito un miliardo di auto!

Con un ragionamento sistemico, non si inseguirebbe il "lavoro per tutti" continuando a considerare "il lavoro" come qualcosa di pagato per 40 ore alla settimana o giù di lì, inventandosi nuove opere per "creare lavoro" (!), senza curarsi di cosa si distrugge!

Un ragionamento sistemico, che mette in conto tutte

le interazioni, farebbe immediatamente capire che, con queste premesse, il lavoro per tutti non c'è più e non potrà mai esserci, soprattutto dopo l'avvento dell'informatica.

L'unico studio globale serio (ma ancora antropocentrico) del sistema terrestre che teneva in conto le retroazioni e le interconnessioni fra le grandezze in gioco (quindi sostanzialmente sistemico-olistico) è stato il rapporto del *Club di Roma "I limiti dello sviluppo"* (1971) il cui grafico BAU (business as usual) mostra proprio quello che sta accadendo in questo decennio (da uno studio di 45 anni fa!).

Le proiezioni di allora indicavano per questo decennio: inesorabili e forti aumenti di popolazione e inquinamento (che proseguiranno ancora per molti anni), diminuzione delle risorse, inizio della discesa di alimenti pro-capite e produzione industriale. È esattamente la situazione attuale.

Inoltre: La civiltà occidentale, più che mai negli ultimi secoli, vive continuamente di dualismi, come uomo-Natura, Dio-mondo, spirito-materia, umanità-animalità, e così via. Molti di questi dualismi vengono mantenuti dalla scienza ufficiale meccanicista-cartesiana, anche contro le sue stesse conoscenze.

Per mettere in evidenza il pensiero di Bateson sul dualismo Dio-mondo e su quello cartesiano spirito-materia basterà questa citazione:

"Se mettete Dio all'esterno e lo ponete di fronte alla sua creazione, e avete l'idea di essere stati creati a sua immagine, voi vi vedrete logicamente e naturalmente come fuori e contro le cose che vi circondano. E nel momento in cui vi arrogherete tutta la mente, tutto il mondo circostante vi apparirà senza mente e quindi senza diritto a considerazione morale o etica. L'ambiente vi sembrerà da sfruttare a vostro vantaggio. La vostra unità di sopravvivenza sarete voi e la vostra gente o gli individui della vostra specie in antitesi con l'ambiente formato da altre unità sociali, da altre razze, dagli altri animali e dalle piante. Se questa è l'opinione che avete sul vostro rapporto con la natura e se possedete una tecnica progredita, la probabilità che avete di sopravvivere sarà quella di una palla di neve all'inferno. Voi morirete a causa dei sottoprodotti tossici del vostro stesso odio o, semplicemente, per il sovrappopolamento o l'esagerato sfruttamento delle risorse."

Verso un'ecologia della mente

E' forse superfluo evidenziare che, oltre al sottofondo che ha portato al dualismo Dio-mondo esasperato dalle religioni abramitiche, anche il pensiero materialista-meccanicista adotta i dualismi citati: si ottiene dai binomi Dio-mondo e spirito-materia semplicemente tagliando via in toto uno dei due poli, già ben separati.

La fine di questi dualismi porterebbe a un mondo non

manipolabile a piacere da una sola specie, perché la Natura (Ente unico che comprende l'umanità come una sua componente) non potrebbe essere "desacralizzata" né "priva di rilevanza morale", come nella civiltà industriale di oggi.

Il primo colpo alla separazione cartesiana mente-materia è venuto dal principio di indeterminazione di Heisenberg (1927): l'osservazione (aspetto mentale) è indispensabile per la definizione di qualunque evento.

Successivamente, lo studio dei sistemi complessi ha portato al concetto di biforcazione-instabilità, per usare il linguaggio di Prigogine, che parla di Nuova Alleanza fra uomo e Natura (*).

L'andamento del sistema dopo una biforcazione costituisce qualcosa di completamente imprevedibile, anche in linea teorica (una "scelta" del sistema). In altre parole, nei sistemi complessi si manifestano fenomeni mentali. I sistemi e sottosistemi sono moltissimi, e intercollegati: quindi la mente è ovunque.

Da un libro di Fritjof Capra ("Verso una nuova saggezza"):

"Secondo Bateson la mente è una conseguenza necessaria e inevitabile di una certa complessità, la quale ha inizio molto tempo prima che degli organismi viventi sviluppino un cervello e un sistema nervoso superiore. Egli sottolineò anche che caratteristiche mentali sono manifeste non solo in singoli organismi, ma anche in sistemi sociali e in ecosistemi,

che la mente è immanente non solo nel corpo ma anche nelle vie e nei messaggi fuori dal corpo. Una mente senza un sistema nervoso? La mente si manifesterebbe in tutti i sistemi che soddisfano certi criteri? La mente sarebbe immanente in vie e messaggi fuori dal corpo? Queste idee erano così nuove per me che, a tutta prima, non riuscii a dar loro un senso. La nozione di mente di Bateson non sembrava aver nulla a che fare con le cose da me associate alla parola "mente".

Tutti i viventi e insiemi di viventi sono sistemi altamente complessi.

Con queste premesse, possiamo parlare anche di un nuovo animismo: in realtà tale sottofondo – in altre forme – ha forse due-tre milioni di anni. Ci siamo quindi trovati con molte idee dell'Ecologia Profonda, cui era pervenuto Arne Naess anche per altre vie.

Se l'Ecologia Profonda fosse il sottofondo di pensiero di nuove culture umane, al posto dell'attuale antropocentrismo, il problema ecologico cesserebbe di esistere.

(*) Come semplificazione, una biforcazione-instabilità si può paragonare alla posizione di un pendolo con il peso nel punto più alto, da cui può prendere due vie diverse con uguali probabilità: può "scegliere" da che parte cadere.

Il nuovo paradigma e i trent'anni che sconvolsero la fisica

(6 giugno 2017)

Il paradigma tuttora caratteristico della cultura occidentale è quello cartesiano-newtoniano, così battezzato dal fisico Fritjof Capra (l'autore de *Il Tao della fisica*) nel suo libro *Il punto di svolta*. Il paradigma cartesiano-newtoniano inquadra il pensiero e le conoscenze considerando l'universale come una macchina, con l'eccezione della sola parte mentale dell'uomo che la osserva "dall'esterno".

Il pensiero corrente è ancora oggi in gran parte ancorato alla visione del mondo che consegue dall'opera di Newton, sia per quanto riguarda i concetti di spazio e di tempo, sia perché viene attribuita ai fenomeni una natura essenzialmente meccanica. Come conseguenza, la natura è priva di ogni rilevanza morale. *L'uomo non ne fa parte, ma è qualcosa di superiore*. Cartesio considerava "macchine" anche gli altri esseri viventi.

Le conoscenze attuali rendono insostenibile questo sottofondo di pensiero, ma l'Occidente divulga ancora il paradigma in cui era inquadrata la scienza alla fine dell'Ottocento: l'universale è una gigantesca Macchina con l'**optional** del Grande Ingegnere.

Dal 1900 al 1930, più o meno, sono avvenuti, partendo soprattutto dalla fisica, rivolgimenti del pensiero scientifico conseguenti a formulazioni teoriche, sempre confermate, che hanno falsificato il paradigma cartesiano-newtoniano: tale modifica è tuttora in corso e procede molto lentamente. Sono i famosi *Trent'anni che sconvolsero la fisica*, titolo di un felice libro divulgativo di George Gamow.

Con la relatività, la fisica meccanicista ha cominciato a vacillare: *spazio e tempo* hanno perduto ogni connotazione assoluta, *materia ed energia* sono diventate la stessa cosa, **la gravitazione** è diventata *la geometria dello spazio-tempo*.

Ma non è stato intaccato il principio cartesiano fondamentale di netta separazione fra un osservatore (*mente*) e un osservato (*materia*, o *materia-energia*). Si continuano a considerare *ovvie* l'impenetrabilità dei corpi (cioè il dualismo *vuoto-pieno*) e la logica "*A non è non–A*". Si continua a dividere ogni problema, ogni cosa, ogni processo in parti, senza tener conto che qualunque suddivisione risente di qualche "pregiudizio" e non può essere neutrale e valida universalmente. Le entità non-quantificabili e non-misurabili sono ancora sostanzialmente *negate*.

Quindi, dopo la relatività, il modello non è più newtoniano ma è ancora ben saldamente cartesiano.

Nel 1927 il fisico tedesco Werner Heisenberg formulò per la prima volta il suo famoso *principio **di** indeterminazione*, poi inquadrato da Niels Bohr nell'*interpretazione di Copenhagen*.

È impossibile, anche in linea teorica, separare il fenomeno dall'osservazione. Come dire, è impossibile distinguere la mente dalla materia. Ovvero, senza una forma "mentale", non si può parlare di alcunché, se non come una fantomatica onda di probabilità. Con una concisa estensione, ciò significa che lo psichismo (la *mente*) deve essere ovunque. Altrimenti, quali sono i sistemi con lo *status* di "osservatore"? Gli sviluppi successivi hanno rafforzato la fusione mente-materia estendendola praticamente a tutto l'universale.

Inoltre, l'indeterminazione applicata al binomio massa-tempo (o energia-tempo) ha portato a formulare il concetto di *vuoto quantistico*: non esiste alcuna particella né entità stabile, c'è solo una specie di vacuità creativa, una danza di energie che continuamente nascono nell'Essere e svaniscono nel Nulla. Il dualismo *vuoto-pieno* è scomparso: "*A*"e"*non-A*" possono coesistere. Questo significa la fine dell'idea che il mondo materiale sia costituito di "particelle" e di "vuoto", concezione che era in sostanza ancora quella di Democrito. Al suo posto è subentrata un'idea di vuoto-pieno continuamente e "contemporaneamente" pulsante, una specie di vacuità creativa. (abbastanza simile alla *sunyata* del Buddhismo).

Un'altra conseguenza notevole della fisica quantistica: le particelle-onde che si separano da un unico punto (cioè hanno avuto qualche contatto) restano indissolubilmente legate, dato che l'"osservazione" anche di una sola di esse influenza *istantaneamente* il comportamento delle altre, a qualunque distanza si trovino (*entanglement*).

Questo porta alla considerazione che *nulla è separabile nell'Universo* e ogni processo (o "oggetto") ha influenza su qualsiasi altro, a qualunque distanza spazio-temporale si trovi.

Ciò significa che tutto è collegato a tutto, in modo istantaneo, cioè che non è possibile isolare alcun fenomeno.

Quegli anni sono anche il periodo in cui i cosmologi inglesi *James Jeans* e *Arthur Eddington* scrissero: "*L'universo assomiglia molto più a un grande Pensiero che a una grande Macchina*".

Quale paradigma si prospetta dopo queste verità? Se non si può "spezzettare", e neppure fare "riduzioni al semplice", né considerare le variabili come indipendenti, riesce molto difficile in pratica trattare qualunque problema. Bisognerà comunque semplificare qualcosa, ma ogni sistema deve essere considerato come *un sottosistema di quello totale, in realtà indivisibile.*

Nei sistemi complessi esiste sempre un limite temporale oltre il quale non è possibile fare alcuna previsione, *neanche in linea teorica*. Questo significa che, da un certo punto in poi, il sistema prende una via completamente imprevedibile sulla base dell'andamento precedente: in altre parole, si manifesta una scelta, cioè *un aspetto mentale*. Il nuovo paradigma emergente è stato battezzato *sistemico-olistico*.

Si noti che, comunque, anche senza considerare le implicazioni mentali, i ragionamenti sul paradigma sistemico-olistico e sulla falsificazione di quello cartesiano-newtoniano restano validi.

Gli scienziati cartesiani-newtoniani sono quasi commoventi quanto tentano invano di salvare il loro paradigma cercando le più strampalate spiegazioni ad alcuni fatti di questo tipo:

- gli uccelli migratori ritrovano il loro nido dopo un viaggio di migliaia di km;

- le tartarughe marine tornano proprio alla spiaggia dove sono nate per deporvi le uova dopo aver vagato nell'Oceano per migliaia di km;

- i piccioni viaggiatori raggiungono la loro "casetta" *comunque la si sposti*;

- le larve delle anguille ritrovano il fiume (che non hanno mai visto) da cui sono partiti i loro genitori, dopo un viaggio di 5000 kilometri dal Mar dei Sargassi;

- gli alberi sono dotati di memoria e provano emozioni (*Stefano Mancuso* e *Peter Wohlleben*).

Dal punto di vista filosofico, il nuovo paradigma conduce all'animismo, dato che le entità che costituiscono il mondo sono animate, hanno una propria forma di mente. Ma esiste anche un unico Sistema totale, con la sua Mente, e ne consegue una forma di panteismo. Quindi, sul piano filosofico, si tratta di una visione del mondo qualificabile come *animismo-panteismo*. Così troviamo il Dio-Natura, ma anche lo spirito dell'albero, del torrente, della montagna, dell'alveare.

Il persistente vecchio paradigma cartesiano-newtoniano ci ha portato all'attuale dramma ecologico e alla distruzione della Vita, attualmente in corso.

Il nuovo paradigma porta all'Ecologia Profonda e al rispetto per tutti gli esseri senzienti e per la Terra, complesso in cui siamo inseriti, ma il tempo a disposizione per un cambiamento così profondo è ormai molto poco. L'Ecosfera dovrà comunque guarire dal suo male e rientrare nei limiti delle sue capacità di omeostasi. Forse il nuovo modo di pensare potrebbe aiutarci anche a considerare con più serenità la morte, dato che non c'è più un *ego* autonomo e permanente che "persiste" o "non-persiste" (le uniche alternative che propone l'Occidente), ma una entità come successione di stati mentali variabili che non può "sparire": non moriremo perché non siamo mai nati.

Il valore e l'etica della Terra

(3 agosto 2017)

Oggi sappiamo abbastanza bene che cosa è l'uomo: *è un animale*, fa parte completamente dei cicli naturali, respira, si nutre, si sviluppa, si comporta, si riproduce e muore come gli altri mammiferi. La percezione dell'appartenenza della nostra specie alla Natura doveva essere accolta con grande serenità; era come liberarsi da un peso inutile. Invece non è stato così, o forse non ancora. Nel linguaggio corrente, l'uomo è ancora considerato *in contrapposizione* con l'idea di animale.

Nella cultura occidentale ancora oggi la nostra specie non è di fatto considerata una parte della Biosfera, ma come un elemento *esterno* rispetto al quale si misura ogni valore. L'espressione "ambiente" sottintende il significato di "ambiente dell'uomo", che resta l'unico riferimento. Anche i cosiddetti ambientalisti parlano di solito di conservare il "patrimonio di tutti" e "consegnare la Terra in buono stato alle generazioni future". Il riferimento costante e considerato ovvio, è l'uomo.

La posizione "esterna" dell'uomo, esportata in tutto il mondo sull'onda dell'espansione dell'Occidente, è il sottofondo di pensiero che ha provocato i grossi guai in cui ci troviamo. Considerare l'uomo al di sopra o al di fuori dell'Ecosfera ha causato anche il drammatico aumento di popolazione umana e la spaventosa crescita dei consumi che hanno caratterizzato gli ultimi due secoli.

Per usare il linguaggio della *teoria dei sistemi*, un essere vivente è un sistema complesso che si mantiene in situazione stazionaria lontana dall'equilibrio termodinamico. In altre parole, *vive* finché un flusso di energia lo attraversa senza che si alterino le sue condizioni generali, se si trascurano le piccole oscillazioni attorno ai valori standard.

Il vivente è un sistema omeostatico, cioè è in grado di mantenersi nelle condizioni vitali autocorreggendo le variazioni accidentali non troppo grandi attraverso interazioni fra tutti i suoi sottosistemi, componenti e flussi energetici.

La Biosfera nel suo complesso si comporta come un sistema vivente, anche se in generale con tempi molto più lunghi. Si noti che questo discorso è indipendente dalle considerazioni, di natura filosofica, se *sia* un essere vivente (*Gaia*), se sia sede di fenomeni mentali e fino a che punto sia *cosciente*.

Anche un ecosistema, ad esempio una porzione abbastanza grande ed inalterata di foresta pluviale equatoriale, si comporta come un sistema quasi-stazionario lontano dall'equilibrio termodinamico, *cioè come un essere vivente*. Quando uno di questi sistemi perde le sue capacità di omeostasi per un intervento esterno troppo drastico, si ha la morte del vivente, o comunque la fine del sistema.

La cultura occidentale, considerando l'uomo al di fuori della Biosfera, ha reso possibile l'aggressione alla Natura che è iniziata da un paio di secoli, cioè da quando si è data il potere tecnico per farlo. A causa del modo di funzionare di questo modello culturale che ha invaso tutta la Terra, le capacità omeostatiche *complessive* del Pianeta non sono più in grado di riportarlo in condizioni vitali. Inoltre molti ecosistemi vengono distrutti e non possono essere sostituiti con altri "artificiali", perché questi ultimi dipendono da interventi permanenti esterni per essere mantenuti in vita.

In realtà la Terra è stazionaria solo se si considerano tempi dell'ordine di decenni, o secoli, non lo è più se consideriamo tempi dell'ordine di milioni di anni: il problema sta nel fatto che le modifiche causate dalla civiltà industriale nei cicli vitali hanno velocità dieci-centomila volte più grandi di quelle naturali, che consentono alla vita di adattarsi gradualmente alle nuove situazioni.

Il sistema economico, cioè il processo di *produrre-vendere-consumare*, si può ricondurre ad un'unica variabile, *il denaro*. Il sottosistema economico non può funzionare in un sistema complesso e quasi-stazionario, come la Biosfera, che dipende da un gran numero di variabili. In sostanza il processo economico impedisce l'omeostasi della Biosfera ed è incompatibile con l'andamento del sistema complessivo. In un vivente questo corrisponde alla morte dell'organismo.

Un'economia complessivamente *in crescita* può soltanto essere un transitorio, un fenomeno patologico nella Biosfera, che porta necessariamente verso un punto "di collasso". Questo è un elemento di ottimismo: il vero pessimismo è prevedere la continuazione degli andamenti attuali, che portano ad un mondo degradato, alla scomparsa della biodiversità, alla fine della varietà e della bellezza del mondo.

Assieme all'operazione di essersi tirato fuori dalla Biosfera, ponendosi "al di sopra" di essa, l'uomo occidentale ha tolto l'anima al mondo.

Ma oggi, anche senza uscire dalla nostra cultura, alcuni pensatori hanno ampliato il concetto di *mente* fino a renderlo indipendente dal supporto di un sistema nervoso centrale: la mente sarebbe semplicemente frutto di una certa complessità (*Gregory Bateson*).

Oltre alle filosofie di spiriti più o meno isolati, ci sono le religioni, che hanno un'influenza ben maggiore sulle moltitudini. Uno dei compiti principali delle religioni dovrebbe essere quello di fornire una visione del mondo in cui inquadrare i fenomeni e di dare prescrizioni morali che non riguardino qualche problema immediato o a breve termine o solo questioni umane, ma che preservino la salute della Terra, in quanto bene in sé: questo compito non può essere affidato né alla politica, né ad istituzioni "pratiche".

Le religioni, più che pensare a quale sia "la verità", potrebbero diffondere sentimenti di empatia e di amore verso tutti gli esseri senzienti, cioè verso tutte le entità naturali. A questo riguardo le tradizioni filosofico-religiose che maggiormente si sono preoccupate del bene del complesso naturale a tempo indefinito sono state alcune tradizioni di origine orientale (Buddhismo, Jainismo, Taoismo) e alcune culture animiste, soprattutto quelle native del continente americano. Spesso la percezione che si trattava di prescrizioni "ecologiche" non era molto evidente, almeno agli europei.

Ci possono essere innumerevoli scale di valori, ma da quanto accennato è evidente che il primo valore dovrebbe essere quello di essere conformi alla vita della Biosfera, da cui dipendiamo: la sopravvivenza della Terra è essenziale (*Etica della Terra*).

L'etica della Terra non è solo una posizione filosofica, è soprattutto una necessità per mantenere in vita e in salute l'Organismo cui apparteniamo, assieme alle altre specie, agli ecosistemi, all'atmosfera, al mare, ai fiumi, alle montagne.

Citazioni per il Pianeta Terra da Oriente e Occidente

(29 gennaio 2018)

Sono passati più di quarant'anni dalla pubblicazione de *Il Tao della Fisica*, notissimo libro di Fritjof Capra, in cui si descrivevano le notevoli correlazioni fra la fisica quantistica e le concezioni di molte filosofie orientali. Dopo qualche anno veniva pubblicato *Il punto di svolta*, dello stesso Autore, in cui si delineava con chiarezza un possibile passaggio dal paradigma chiamato *cartesiano-newtoniano*, in cui sono state inquadrate finora le conoscenze scientifiche, ad un nuovo paradigma battezzato *sistemico-olistico*, basato in gran parte sulla visione del mondo dello scienziato-antropologo-filosofo inglese Gregory Bateson.

In questo articolo voglio riportarvi qualche citazione dai due libri e da libri di altri importanti autori: citazioni dedicate al Pianeta Terra, citazioni che devono fare riflettere.

Spero che vi possano ispirare alla riflessione. Possono anche essere dei consigli di lettura, in quanto i libri degli autori citati sono tutti disponibili all'acquisto.

Citazioni per il Pianeta Terra

"Non sono sicuro che l'individualità che noi sentiamo come persona, come individuo, sia reale, che essa non sia un'illusione. È in ogni caso un'idea diffusa in Oriente, presso i maestri delle Upanishad, che si tratti di un'illusione, che noi non siamo realmente individui spirituali, ma "parte" di una stessa Entità".

Erwin Schroedinger – La mia visione del mondo,
Garzanti, 1987

"La mentalità cinese antica contempla l'Universo in maniera paragonabile a quella del fisico moderno, il quale non può negare che il suo modello dell'Universo è una struttura decisamente psicofisica".

Carl Gustav Jung – Prefazione all'I King

"In contrasto con la concezione meccanicistica cartesiana del mondo, la visione del mondo che emerge dalla fisica moderna può essere caratterizzata con parole come organica, olistica ed ecologica. Essa potrebbe essere designata anche come una visione sistemica, nel senso della teoria generale dei sistemi. L'universo non è visto più come una macchina composta da una moltitudine di oggetti, ma deve essere raffigurato come un tutto indivisibile, dinamico, le cui parti sono essenzialmente interconnesse e possono essere intese solo

come strutture di un processo cosmico".

Fritjof Capra – Il punto di svolta
– Ed. Feltrinelli, 1984

"Maestro, la legge del karma ammette eccezioni?" Rispose l'Illuminato: "La legge del karma è inesorabile: Qualunque cosa tu faccia, dovunque tu vada, nelle profondità del mare o nei crepacci delle montagne, non puoi sfuggire alla conseguenza delle tue azioni".

Siddharta Gautama, detto il Buddha

"La biodiversità e la meravigliosa bellezza biologica giocano in favore di un disegno metafisico nell'evoluzione della vita. Lungi dall'essere in linea con l'ideologia del creazionismo, il riconoscimento di un disegno metafisico in natura è in linea con il punto di vista dell'evoluzione, ma non con la sua deriva determinista, o meglio, in linea con il punto di vista di una "evoluzione senza fondamenti" nella quale libero arbitrio, scelte e caso giocano un intergioco complesso e meraviglioso".

Enzo Tiezzi-Verso una fisica evolutiva
– Ed. Donzelli, 2006

"Secondo Bateson la mente è una conseguenza necessaria e inevitabile di una certa complessità, la quale ha inizio molto tempo prima che degli organismi viventi sviluppino un cervello e un sistema nervoso superiore. Egli sottolineò anche che caratteristiche mentali sono manifeste non solo in singoli organismi, ma anche in sistemi sociali e in ecosistemi, che la mente è immanente non solo nel corpo ma anche nelle vie e nei messaggi fuori dal corpo. Una mente senza un sistema nervoso? La mente si manifesterebbe in tutti i sistemi che soddisfano certi criteri? La mente sarebbe immanente in vie e messaggi fuori dal corpo? Queste idee erano così nuove per me che, a tutta prima, non riuscii a dar loro un senso. La nozione di mente di Bateson non sembrava aver nulla a che fare con le cose da me associate alla parola "mente".

Fritjof Capra – Verso una nuova saggezza – Feltrinelli,
1988

"I fiumi, o caro, scorrono gli orientali verso oriente, gli occidentali verso occidente. Venuti dall'Oceano celeste, essi nell'Oceano tornano e diventano una cosa sola con l'Oceano. Come là giunti non si rammentano di essere questo o quest'altro fiume, proprio così, o caro, i viventi, che sono usciti dall'Essere, non sanno di provenire dall'Essere. Qualunque cosa siano qui sulla Terra – uomo, tigre, leone, lupo, cinghiale, verme, farfalla – essi continuano la loro esistenza come Tat. Qualunque sia questa essenza sottile, tutto l'Universo è costituito di essa, essa è la vera realtà, essa è l'Atman. Essa

sei tu, o Svetaketu."

Chandogya Upanishad, *10° khanda*

"Credo che vi sia un'Intelligenza nell'Universo. Badi, ho detto nell'Universo. L'idea giudaico-cristiana è quella di un Dio che, dal di fuori, fabbrica l'Universo come si fabbrica un oggetto in uno stabilimento. E' un'idea che non mi attira. Io penso che l'Intelligenza sia nell'Universo. Che sia l'Universo".

Fred Hoyle

"Questa sostanza immateriale e priva di forma contiene funzioni innumerevoli come le sabbie del Gange, funzioni che corrispondono infallibilmente alle circostanze, cosicché è descritta come non-vuota".

L'insegnamento Zen di Hui Hai – Ed. Ubaldini, 1977

"O Sariputra, la forma è vacuità e la vacuità è forma. La vacuità non differisce dalla forma, la forma non differisce dalla vacuità. Qualunque cosa sia forma, quella è vacuità; qualunque cosa sia vacuità, quella è forma".

Prajnaparamita Hrdaya (Sutra del Cuore)

Oggi c'è una concordanza di vedute molto vasta – che tra i fisici raggiunge quasi l'unanimità – sul fatto che la corrente delle conoscenze si sta dirigendo verso una realtà non meccanica: l'Universo comincia ad assomigliare ad un grande Pensiero piuttosto che ad una grande macchina.

James Jeans – I nuovi orizzonti della scienza
Ed. Sansoni

"Il problema è la visione del mondo meccanicistica che, malgrado tutto, risulta purtroppo ancora imperante. Dalla nuova Fisica non emerge una visione del mondo come costituito da oggetti separati che interagiscono urtandosi più o meno forte, ma una visione del mondo, invece, che scopre come grazie alla "sintonia" e all'interrelazione, alla cooperazione, si possano "evocare", quasi

magicamente, correlazioni inusitate, potenzialità finora inimmaginabili".

Roberto Germano – Fusione fredda
Ed. Bibliopolis, 2000

Da antichi testi indiani: "Ogni anima va rispettata e per anima si intende ogni ordine, ogni vitalità che la sostanza possa assumere: il vento è un'anima che si imprime nell'aria, il fiume un'anima che prende l'acqua, la fiaccola un'anima nel fuoco, tutto questo non si deve turbare". In uno dei sutra si loda chi non reca male al vento perché mostra di conoscere il dolore delle cose viventi e si aggiunge che far danno alla terra è come colpire e mutilare un vivente. Nel buddhismo è decisamente basilare la dottrina anatta, secondo la quale non vi è alcuna anima o sé individuale e permanente. A mio modo di vedere, essa non esclude un qualcosa di imperma- nente e in costante mutamento che potrebbe corrispondere a un concetto occidentale di anima a livello collettivo: un'em- patia collettivamente condivisa con gli altri esseri senzienti ovunque essi siano e in tutti gli spazi. Ciò che viene messo fuori gioco è la forte enfasi che l'Occidente pone sull'indivi- dualismo, e sul sé individuale come qualcosa di unico, speci- fico e separato, garanzia di "vita eterna", cioè di permanenza. La dottrina anatta sicuramente non esclude un sentimento di unità transpersonale con tutti gli umani e con gli altri esseri senzienti ovunque si trovino, attraverso ogni tipo di confini (di età, genere e razza, nazione e classe) e con la natura, e non necessariamente solo con la biosfera, né soltanto con gli animali. (...) Il principio anatta esclude i confini, opponendo- si alla frammentazione e unendo gli individui che altrimenti possono essere contrapposti gli uni agli altri in una lotta com- petitiva per l'attenzione e la grazia di un Dio trascendente che ogni individuo vede a suo modo; lotta che viene trasferita su questioni molto più secolari – come il nazionalismo, il ca- pitalismo, il socialismo – se/quando Dio comincia a svanire. Un fenomeno, questo, fin troppo ben conosciuto nel mondo "cristiano". I comuni cristiani e altri teisti cercano l'unione a livello superiore, cioè con Dio; i buddhisti cercano di svelare una unità che è già qui con gli altri, nello spazio e nel tempo. La tradizione giudaico-cristiana può dividere. Il buddhismo, per via del principio anatta, può soltanto unire. (...) La generale tendenza occidentale è di vedere le relazioni in modo competitivo, nella forma "io vinco, tu perdi", o viceversa. Nel Buddhismo c'è una forte enfasi sulla possibilità di crescere insieme, ed anche di declinare insieme, per via dei legami di ogni individuo con l'altro. Ciò che importa è la rete degli individui, più che gli individui stessi; la relazione, più che gli elementi collegati; l'intreccio, più che i nodi.

Johan Galtung – Buddhismo. Una via per la pace
Ed. Gruppo Abele, 1994

L'esistenza delle esperienze transpersonali viola alcuni dei presupposti e principi più basilari della scienza meccanicistica. Esse implicano concetti apparentemente assurdi, quali la natura arbitraria e relativa di tutte le barriere fisiche, le connessioni dell'universo di natura non spaziale, la comunicazione tramite mezzi e canali ignoti, la memoria senza substrato materiale, la non linearità del tempo, o la coscienza associata a tutte le forme di vita (compresi gli organismi unicellulari e le piante) e persino alla materia inorganica".

Stanislav Grof – Oltre il cervello
Ed. Cittadella, Assisi, 1988

"L'uomo è la specie più folle: venera un Dio invisibile e distrugge una Natura visibile, senza rendersi conto che la Natura che sta distruggendo è quel Dio che sta venerando".

Hubert Reeves, Astrofisico canadese

Conclusioni

La scienza ufficiale ha accettato la relatività ma non ha ancora assimilato completamente la fisica quantistica: lo stesso Einstein l'ha sempre rifiutata.

Non si vuole ammettere che anche le leggi fisiche possano essere variabili e gli eventi non totalmente prevedibili. Inoltre si vuole continuare a credere che esista una realtà indipendente e oggettiva che è lì da sempre in attesa di essere finalmente "scoperta". Questo è il paradigma cartesiano-newtoniano, che è stato falsificato.

Certamente possono esserci posizioni intermedie fra i dualismi dell'Occidente, le sue opposizioni irriducibili (mente-materia, Dio-mondo, umanità-animalità, esistenza-non esistenza, vuoto-pieno, ecc.). Inoltre, l'ipotesi che le leggi fisiche e le cosiddette costanti universali (velocità della luce, costante di gravitazione, costante di Planck, ecc.) restino invariate per sempre, è una semplice ipotesi non dimostrabile. Dovremmo lasciar variare anche loro, come tutto il fluire del mondo.

Terzo Escluso: Esperienza di una meditazione

(7 marzo 2018)

Ero sdraiato su un prato di montagna, a prendere il sole. A volte un leggero soffio di vento mi accarezzava il viso. Ero semi-sveglio. Mi rendevo conto di essere tutt'uno con il prato, il vento, le nuvole, il vicino bosco, dal quale sentivo aleggiare gli spiriti degli alberi. Qualche volta riuscivo a *sentire* gli alberi: sapevo che erano viventi e senzienti, mentre nella civiltà industriale erano considerati *risorse*, oppure *legname*, e venivano accettati solo per questo. Vidi alcune galline, di quelle poche che ancora razzolano e beccano per terra: le altre, laggiù, erano chiamate *risorse-per-fabbricare-uova* ed erano ammassate in capannoni, tutte in fila, immobili. Così crescevano i cosiddetti indici di efficienza, ma molto di più la sofferenza e la tristezza del mondo.

Forse le sofferenze apportate alla Vita saranno restituite e ci sarà un "ritorno" ad opera delle forze sistemiche, o, se preferite, ad opera del *karma*.

[(*) *in nota*: il termine sanscrito *karma* significa "la conseguenza dell'azione": la legge del *karma* ci dice che ogni azione, anche mentale, avrà una conseguenza sull'entità che la compie].

Perché ero lì? Avevo scelto io, oppure ero destinato ad essere lì? In una logica non-dualistica, la domanda non ha senso: forse mi aveva portato su quel prato il mio *karma* di quel momento. Non potevo sfuggire alla legge del *karma*, però lo avevo accumulato con le mie azioni, quindi ero/non ero libero, così come lo erano l'erba, gli alberi, il cielo, le nuvole.

Mi accorsi che il principio di non-contraddizione era volato via.

Mentre mi assopivo, vedevo il gatto di Schroedinger nel suo scatolone, nella sua condizione di vivo/morto in quella ora fra la rottura/non rottura della fiala di cianuro e l'apertura dello scatolone da parte dell'"osservatore". Così, pian piano, mi accorgevo che anche per questa via il principio del terzo escluso (il *Tertium non datur*) stava volando via, insieme alla logica aristotelica.

A e non-A possono coesistere, quindi anche l'Essere e il Nulla.

Tertium datur: si può anche esistere/non esistere contemporaneamente. Pensavo e sentivo che tutto si risolveva nel *vuoto quantistico*, che è vuoto/pieno, una Vacuità creativa: così se ne andava allegramente col vento anche la visione atomistica di Democrito e dell'Occidente moderno.

Ma se io ero quel prato e quegli alberi, o quelle montagne, non c'è nessun *ego* separato. Mi stavo consolando per la morte? Se non c'è nessun *ego*, non c'è niente che muore. Non moriremo perché non siamo mai nati. Questo *ego/non-ego* è inconsistente, è solo una successione di stati mentali, variabile e impermanente come tutte le cose del mondo.

Poi mi venne in mente una giornata fra le montagne dell'Asia. Durante un viaggio in Bhutan, la guida locale, un giovane di trent'anni, a una mia domanda sul significato da dare al fatto che la montagna più alta di quella terra (il *Chomolhari*, di 7400 metri, sulla catena di confine con il Tibet) era considerata "la dimora" di una divinità femminile, mi rispose con un sorriso ma con fermezza: *"Chomolhari **is** a goddess"*. Ingenuo incorreggibile occidentale, avevo inconsciamente cercato il dualismo. Quella montagna *era* una divinità, cioè una mente, come tutto quanto mi circondava. Quel giovane aveva studiato cinque anni a Londra, ma non ci sarebbe mai tornato, stava meglio fra le sue montagne. Lentamente mi accorsi di avere impiegato molti anni per arrivare a quella specie di animismo-panteismo senza dualismi: la mente è ovunque, oppure tutto è Mente-Energia-Materia, senza opposizioni.

L'animismo è stato il sottofondo di pensiero dell'umanità, e forse anche di scimpanzé e bonobo, per milioni di anni, altro che le "religioni moderne", quelle "vere" oppure "non-vere". Ma allora ero *credente* o *ateo*? Ancora una volta avevo ripescato un dualismo inutile: forse veniva dall'inconscio? Ma inconscio e coscienza sono una distinzione "occidentale", un altro dualismo. Finalmente mi saltò in mente il bonobo Kanzi che mi suggeriva "Allora sei anche tu un fanatico religioso? Ma vieni a saltare con me fra gli alberi della foresta!"

Per breve tempo avevo captato la Vacuità creativa, che era poi la *sunyata* del Buddhismo. Ma dovevo rialzarmi, tornare a sentir parlare di economia, di inflazione, di P.I.L. e di Nasdaq? Ah, no, lo avrei evitato il più possibile. Ho pensato al Nasdaq solo perché quel termine era simile al Noshaq, la seconda montagna dell'Hindu Kush. La più alta era il Tirich Mir, salita per la prima volta da Arne Naess, il grande filosofo norvegese, un Maestro per il mio pensiero.

Cominciai a prolungare la mia presenza su quel prato.

Sentii l'aria farsi più fresca e aprii gli occhi: vicino a me stava passando un vecchio, con un enorme gerlo di fieno sulle spalle, che mi chiese se avessi bisogno di qualcosa. Un tempo avrei pensato che la sua era "una vita dura", mentre salivo con uno zaino altrettanto pesante "per divertimento": era uno di quelli che non se ne erano andati in città per godersi la vita in una fabbrica e vivere in due stanze più servizi, "per un'esistenza più logica, razionale, e civile" (!!).

Iniziai a fare un cenno con la mano, ma il vecchio intuì

subito la risposta e si scostò, ridandomi il sole.

La Vita - la mia poesia dedicata all'eterno divenire

(13 novembre 2018)

Era l'estate del 1968. Mi trovavo su un prato, una radura nel bosco, in val d'Ayas. Attorno a me abeti, nuvole, suoni della vicina foresta. Mi rendevo conto di essere tutt'uno con quanto mi stava attorno. Assieme a quegli alberi, quegli scoiattoli, quegli uccellini, incorporavo un divenire.

Cento milioni di anni fa, ero un piccolo insettivoro che si arrampicava sugli alberi; un altro suo diretto discendente oggi sopravvive soltanto nel Borneo. Invece io ero diventato un Lemure, poi un Primate, e adesso ero lì a meditare.

400 milioni di anni prima ero stato nel mare, e forse sentivo le fasi lunari. E prima, prima ancora... Ma che senso ha il tempo?

Quell'uccellino che sentivo volare lì attorno, 150 milioni di anni fa era un piccolo dinosauro, "lui" però è sopravvissuto, e ha imparato a volare... Pesa pochi grammi, ma ha tutti i miei stessi organi, il suo sangue resta "caldo", come il mio. È attento a tutto, e ha un incredibile scatto nel volo.

Allora mi venne l'ispirazione di esprimere in qualche modo questo divenire, questa Unità-Varietà di viventi di cui facevo parte.

Così rientrai nella casetta di legno, ed è nata l'unica mia poesia, un inno alla Vita.

ODE ALLA VITA

Solo era il rosso sul terzo pianeta

Il mare vagava nell'aria rovente

Montagne di fuoco salivano al cielo,

un cielo che rosso cercava le stelle.

Sempre più scura si forma una crosta

rugosa di monti, di fuoco, di valli.

Calore s'irradia nel nero di stelle

finché prime gocce si forman di mare.

Qualcosa s'addensa nell'acqua ancor calda

Un fremito corre sul terzo pianeta.

Qualcosa di nuovo, un palpito, un soffio

nasce sul fondo mistero del mare.

La luna non vede che cosa è che nasce

Nessuno s'accorge del fondo del mare.

L'onda continua a picchiar sulla rena

Continua a girare lo spazio infinito.

Nel mare del mondo quei grappoli erranti (*17)

trasportano il germe del tempo che viene.

Veleggia portata dall'onde la vita

che attira soltanto la diafana luce.

Qualcosa di verde si muove là sotto

e verde è il colore che fabbrica vita.

Il sole non sa che dà cibo a qualcosa

nell'acqua e nel sale del terzo pianeta.

Segmenti striscianti di zampe e d'antenne (*25)

percorrono un mare di fissi colori.

Verde rigoglio di vita ha assaggiato

il sapore dell'aria indorata di sole.

Verde foresta di umido e caldo

alberga chi vuole il respiro dell'alto.

Piccola corda di bianco si muove

fra rena deposta dal flutto del mare.

Osso è l'interno di guizzo natante (*33)

Solido muso si sporge dall'acque

Guscio soltanto ricopre chi nasce.

Chi piccolo vive la vita dell'avo

più grande ha sentito quest'alito nuovo.

Alette vibranti percuotono il cielo.

Dal verde spuntati colori più vivi

Attendono il volo del seme di vita.

Freddo di sangue e di viscida mole (41)

il mostro gigante che domina il mondo.

La luna splendeva su scaglie d'argento

Rosso era il mare per l'isola ardente.

Verso il calore dal cuore nascente

si slancia nell'aria il serpente con l'ali.

Il vento che porta un odore di piume

ascolta il principio di canti, di nidi.

Occhi d'astuzia da dietro la foglia (*49)

spiano già l'uovo del grande serpente.

Il mostro è caduto. Già scorre sul mondo

il bianco alimento dei figli del pelo.

Quello più grande è tornato nell'acque.

Regno di zanne, foresta di fiori.

Scende dall'alto di bianco la morsa

che scava le valli e prepara il futuro.

Nudo animale è comparso sul mondo (*57)

Qualcuno ora sente i colori dell'alba.

NOTE

17 quei grappoli erranti: Le prime colonie di cellule (Sifo-nofori, Volvox, Celenterati primitivi).

20 ...la diafana luce: Celenterati (Idre, Meduse)

21 Qualcosa di verde....: le Alghe.

25 Segmenti striscianti...un mare di fissi colori: Animali metamerici (Anellidi, Artropodi marini) ed Echinodermi fissi.

31 Piccola corda di bianco...: i primi Cordati o Protovertebrati (supposti simili ai Cefalocordati – Amphioxus lanceolatus).

36 Chi piccolo vive...: gli Anfibi.

38 Alette vibranti....: gli Insetti.

39 Dal verde spuntati...: i fiori (comparsa delle Fanerogame) che attendono il polline ("seme di vita")

45 Verso il calore...il serpente con l'ali: Animali di transizione fra Rettili e Uccelli (Archaeopteryx – Archaeornis) in cui si inizia la trasformazione in animali omeotermi mediante la separazione dei due ventricoli cardiaci ("dal cuore nascente"). Serpente sta per rettile.

49 Occhi d'astuzia...dei figli del pelo: Avvento dei Mam-

miferi (bianco alimento=latte). Si accenna implicitamente all'ipotesi che i piccoli mammiferi abbiano contribuito al declino dei grandi rettili cibandosi delle loro uova.

53 Quello più grande...: i Cetacei e i Sirenidi.

57 Nudo animale...: la specie umana.

Noi nella Natura: può un "muro" valere di più della Vita?

(9 gennaio 2019)

Giro turistico abituale: Chiese, Santi e Madonne, con mille spiegazioni di dettaglio. Poi le rovine romane, che sono lì da duemila anni. Tutta materia inerte. Poi mi vengono in mente un muso e due occhietti che mi guardano da ottanta milioni di anni: sono quelli di un *Lemur catta*, un essere altamente senziente, in una delle foreste sopravvissute del Madagascar.

Se da un muro cade una vecchia pietra, bruciacchiata dal Vesuvio 2000 anni fa, interviene il ministro della cultura, che deve dare spiegazioni. Se confrontiamo Pompei con qualche intero ordine di esseri viventi, vediamo che la scala dei tempi è dilatata almeno di 10.000 volte: è come confrontare un millimetro con 10 metri sull'asse orizzontale di un grafico.

La scala dei tempi è anche una scala di importanza, per la Terra, per l'Ecosistema, per noi.

Inoltre, da un lato si tratta di qualche pezzo di materia inerte, dall'altro della Vita, del diritto a vivere di tutti gli esseri senzienti. Questo è uno dei guai della nostra civiltà, avere alterato la scala dei valori, avere dato meno importanza al vivente, alla spiritualità che si accompagna alla Vita e a tutta l'Ecosfera rispetto a qualche vecchio relitto della nostra cultura.

Le nostre povere "impronte" di alcuni anni fa valgono forse più della Vita della Terra e del Complesso dei viventi?? Monumenti, relitti, battaglie, conquiste sarebbero più importanti che conoscere come si è sviluppata la Vita in tre miliardi di anni!

Nella cultura occidentale è un valore "lasciare tracce nella storia". In una tribù di nativi americani veniva insegnato già ai bambini a *"non lasciare tracce così profonde che il vento non le possa cancellare"*, perché non si doveva alterare il mondo naturale, che era sacro. Quei nativi, dato che non lasciavano tracce nella storia, non erano considerati una "civiltà" dagli occidentali.

Che dire della religione? L'animismo è stata per millenni la visione del mondo prevalente in tante culture umane. Poi sono venute le tre religioni abramitiche: queste sono "calate nella storia", hanno fondatori, figure umane, profeti, avvenimenti storici, libri, istituzioni.

Da un certo punto di vista, sono cominciati i guai. Con esse è arrivato un antropocentrismo mostruoso, solo l'uomo "ha l'anima", gli altri esseri senzienti sono al suo servizio, non contano niente, perché un Dio esterno al mondo osserva, premia o punisce le azioni di una sola specie. Quando è cominciata la malattia della Terra?

Duecento anni fa esistevano ancora molti popoli non industrializzati, e c'erano ancora culture animiste: infine è arrivata la globalizzazione, l'Occidente li ha fagocitati tutti, o con le lusinghe, o, più spesso, con violenza fisica e psicologica.

Nell'immaginario collettivo dell'Occidente c'è un'insanabile spaccatura nel mondo vivente: gli umani, che avrebbero una spiritualità, e gli altri esseri che sarebbero soltanto materia al servizio dell'uomo, cioè "risorse".

L'idea di uomo, nel pensiero dell'Occidente, è costruita in contrapposizione all'idea di animale: umanità e animalità vi appaiono come termini antitetici. Ma si tratta di una contrapposizione largamente mitica e scientificamente insostenibile. Invece in una visione del mondo ispirata all'ecologia profonda, il problema della contrapposizione uomo-animali non esiste, perché l'uomo *è* un animale a tutti gli effetti.

Viene spontaneo chiedersi se sia più materialista una visione del mondo in cui tutto è soltanto materia inerte, tranne una sola specie "privilegiata", o un sottofondo di pensiero in cui qualunque entità naturale evidenzia lo spirito, la mente o l'Anima del mondo.

Quando si esaminano le differenze fra umani e altri animali, di solito ci si limita a parlare di esseri senzienti a noi molto simili ma tuttora viventi. Anche così, non si trova alcuna spaccatura evidente: nel messaggio genetico, la differenza fra noi e uno scimpanzé bonobo è dell'ordine dell'uno per cento. Se poi consideriamo anche esseri del passato (Australopiteci, *Homo habilis*, uomo di *Neanderthal*, ecc.), le assurdità delle concezioni correnti diventano ancora più evidenti.

Gli altri animali soffrono, amano, sono coscienti. Qual è la facoltà che consente di attribuire dei "diritti soggettivi"? Se fosse qualche forma di coscienza o consapevolezza, non si capisce con quale logica si riconoscono diritti alle persone in coma o agli embrioni umani e non si considera degno di considerazioni morali soggettive un essere consapevole e senziente come un orango, un cane o un delfino.

È evidente poi che la storiella che veniva raccontata ai bambini una cinquantina di anni fa, che cioè la nostra specie "ha l'intelligenza" mentre gli animali hanno soltanto "l'istinto" è qualcosa che fa ridere, anche alla luce di studi recenti sulle emozioni, i sentimenti, il comportamento e la struttura delle società di tanti esseri viventi.

Noi umani veniamo dall'Africa, dove vivevano gli Australopiteci, nostri antenati. Lucy, la nostra cara bisnonna, ha tre milioni di anni. Poi, dopo molto tempo, secondo idee diffuse alcuni decenni orsono, sono iniziate le migrazioni, una dopo l'altra. Ma recentemente si è dovuto riscrivere tutto, almeno secondo una corrente della scienza. Quelle migrazioni in serie verso l'Europa e l'Asia erano solo un "disperato" tentativo di ribadire l'origine unica dell'umanità, per salvare in qualche modo una tradizione culturale dell'Occidente.

Non c'è bisogno di ricorrere a tutte queste strane, ripetute migrazioni che "ripartono" dall'Africa più e più volte. Tutti questi ominidi, Primati, cioè scimmie, si mescolavano e formavano famiglie miste: noi siamo i discendenti di quasi tutti, compresi quelli già arrivati in Asia. Anche oggi, la differenza fra noi e uno scimpanzé bonobo è dell'ordine dell'uno per cento. L'unica cosa reale che avremmo dovuto imparare è che la Vita è unica, non ci sono discontinuità. In tempi recenti, l'*Homo Sapiens* non ha combattuto il *Neanderthal* e poi "ha vinto". I geni del Neanderthal (circa l'8-10%) sono ancora dentro di noi. *Sapiens* e *Neanderthal* formavano anche famiglie miste, naturalmente qualche volta litigavano. L'umanità non ha un'origine unica, è una mescolanza come tutti gli altri esseri senzienti. *Questo comporta conseguenze anche per l'etica*: tutti gli esseri hanno diritto ad una vita dignitosa e autonoma.

Anche il cane non "deriva" dal lupo in modo lineare, la Vita procede per cespugli e incroci multipli, non per rami lineari. Konrad Lorenz, il famoso scienziato-filosofo che sarebbe ora di riscoprire, nel suo libro "*E l'uomo incontrò il cane*" afferma che il cane è derivato anche dallo sciacallo dorato e probabilmente anche da qualche altro canide. Conosciamo solo l'Unità della Vita, forse anche l'Anima del Mondo, o, se volete, la Mente Estesa di Rupert Sheldrake. Sappiamo, ma non ne siamo ancora consapevoli, che ci troviamo in un Organismo, che chiamiamo la Natura.

L'idea che il mondo è la nostra casa da tenere pulita e conservare, tanto cara all'ecologia di superficie, è completamente fuorviante, come l'idea di prendersi semplicemente cura dell'Ambiente. Ma l'ambiente di chi? Della nostra privilegiata specie?? Perfino la concezione della *Madre Terra (PachaMama)*, che sembra tanto "ecologica", ha creato un dualismo: la Madre è distinta dai figli, dobbiamo rispettarla ma è un'altra persona da noi. Invece oggi sappiamo che noi *siamo* Natura, siamo cellule, o gruppi di cellule, partecipiamo della stessa Vita, mente compresa.

La trasformazione di un ecosistema naturale in un'area industrializzata, o in un'area coltivata in modo "moderno", consiste nel sostituire gruppi di inerti (cemento, metalli, fabbriche, impianti, ecc.) a un complesso di viventi, nel sostituire l'inorganico all'organico.

Macchine, impianti, strade, monocolture imbottite di pesticidi, al posto di foreste, paludi, savane.

C'è da chiedersi quanti si rendono veramente conto che lo sviluppo economico significa in realtà "rifare il mondo", distruggere la Vita, cioè un Complesso di 30 milioni di specie di esseri senzienti, sostituendola con poche specie degenerate e una montagna di inerti.

Duecento anni di civiltà industriale contro tre miliardi

di anni della Vita sulla Terra. Ma tutte le autorità promettono "lo sviluppo": se non lo fanno, perdono il posto dopo pochi giorni. Dove arriva il concetto stesso di sviluppo economico, scompaiono l'equilibrio dell'animo e l'armonia del mondo.

La conclusione "olistica" che si può trarre è questa:

La civiltà industriale è fallita, perché è incompatibile con la vita della Terra, è un fenomeno impossibile, se non per tempi brevissimi, che sono quasi scaduti. Il concetto di *sviluppo sostenibile*, la *green economy*, l'*economia circolare*, la *semplice sostituzione* delle fonti energetiche e simili servono solo a prolungare di poco i tempi e ad alimentare illusioni.

20 Marzo, Equinozio di Primavera, la vera Festa del Pianeta

(20 marzo 2019)

Fra pochi giorni ci sarà l'Equinozio di Primavera. Quest'anno, il 2019, capita la sera di mercoledì 20 marzo, nel nostro fuso orario. In quel momento il piano dell'Equatore celeste taglia il piano dell'eclittica lungo la congiungente Terra-Sole. Cosa significa? Molto. La luce è uguale al buio, il giorno è uguale alla notte su tutta la Terra. Il Sole brilla allo Zenit dell'Equatore.

Dovremmo fare grandi feste. Anzi, dovrebbero esserci quattro grandi feste nell'anno, ai solstizi e agli equinozi. Quelle sono le feste vere. Come sarebbe facile spiegare alla nipotina perché si fa festa: è la Terra che si trova a un appuntamento attorno alla sua stella. Quei quattro appuntamenti ci sono da milioni di anni, e ci saranno ancora per molto, molto tempo.

Dobbiamo abituarci all'idea di non essere al centro di niente, ma di vivere sul terzo pianeta di una stella di media grandezza a metà della sua vita, lanciata nel braccio esterno di una galassia qualunque, in mezzo a miliardi e miliardi di altre galassie.

I quattro appuntamenti sarebbero feste per tutti gli esseri senzienti. Conoscono quell'appuntamento mammiferi, pesci, rettili, uccelli, e tutti gli altri, anche le alghe. Tutte le piante verdi della Terra si accorgono che quel giorno la luce è uguale al buio.

Eppure, fra gli umani di oggi, quasi nessuno se ne accorge, né ci pensa.

Già, perché nella nostra cosiddetta civiltà, si preferisce fare festa per commemorare qualche battaglia "vinta", magari con centinaia di migliaia di morti e distruzioni immense, si preferisce fare festa per ricordare qualche santo, o martire, o qualche madonna bianca o nera, o qualcuno che si è fatto ammazzare per ideologie in cui dopo qualche decennio non crede più nessuno. Oppure per qualche "repubblica", per dei nuovi confini destinati a creare guai e a sparire assai presto. Diventano roba per i libri di storia, e noi festeggiamo ... Qualcuno, che invece ha perso "quella" battaglia, tace.

Oppure si fa festa per "il lavoro", che come viene inteso oggi dalla cultura occidentale, è in sostanza l'attività umana che distrugge la Vita, che sostituisce materia inerte a sostanza vivente, e pretende di rifare il mondo, quel meraviglioso mondo naturale che ha impiegato quattro miliardi di anni per divenire ciò che è. Con quello che festeggiamo come "il lavoro", vogliamo rifare questo mondo, questo Pianeta, togliendo lo spazio vitale agli altri esseri senzienti. E per questo si fa festa?

Sarebbe molto meglio abolire le festività che sono solo per i cosiddetti "vincenti" o per chi venera "quei" santi, martiri, eroi, madonne, repubbliche, rivoluzioni.

Dovremmo festeggiare invece quando il Sole è al suo massimo, quando la luce comincia a risalire e quando il giorno è uguale alla notte su tutto il Pianeta, con gli altri esseri senzienti, cioè altri animali, piante, ecosistemi, che lo sanno, se ne accorgono benissimo. Sarebbero feste per tutti, e molto più facili da comprendere per tutte le nipotine e i nipotini del mondo.

La Cattedrale e la Foresta: quello che non si può ricostruire

(20 maggio 2019)

Una parte di Notre-Dame è stata distrutta dal fuoco. È certamente un grosso guaio, però mi dispiace molto di più quando brucia una foresta, con tutti i suoi esseri senzienti. Notre-Dame è fatta di materiali inerti ed era comunque destinata a finire, prima o poi.

Una foresta è un essere senziente, che esiste da tempi lunghi; per chi non ne fosse convinto, è comunque un armonioso complesso di esseri viventi, anche collettivi.

È evidente quale delle due disgrazie causa in generale maggiore sofferenza.

Consideriamo la più grande foresta equatoriale della Terra, la foresta amazzonica. Fino ad alcuni decenni or sono c'erano gli indios che appartenevano a questa foresta, non viceversa. Ma stanno scomparendo entrambi, sotto la tragica avanzata del cosiddetto "sviluppo". Questo esempio evidenzia ancora una volta l'enorme superbia della cultura occidentale, che sta invadendo tutto il mondo. E ribadisce ancora una volta il mostruoso antropocentrismo che la anima.

Notre-Dame verrà ricostruita, una foresta non potrà mai esserlo, se non in tempi lunghissimi e soltanto ad opera della Natura. Talvolta il terreno viene ridotto a laterite, buona solo a far mattoni, cioè materia inerte. Allora resterebbe perduta per tempi davvero lunghissimi.

Eppure, quanti fondi raccolti immediatamente per Notre-Dame, quanto silenzio per la distruzione della Vita nel Borneo, a Sumatra, in Amazzonia, in Siberia, in tutto il mondo. Gli oranghi, che differiscono pochissimo dagli umani, in tutti i loro aspetti anche comportamentali, soffrono e muoiono nell'indifferenza degli industrialisti-sviluppisti, talvolta verniciati di verde, con termini semi-comici come *sviluppo sostenibile, green economy, economia circolare,* palesemente inventati per andare avanti come prima. Non va meglio per la tigre dell'Amur, per il leopardo delle nevi, per il pangolino e tanti altri esseri senzienti.

Ma nessuna specie può essere fatta rinascere: così la biovarietà, base delle capacità omeostatiche della Terra, diminuisce di giorno in giorno.

Mi dicono che Notre-Dame rappresenta l'Occidente, che però nomina come "civiltà" solo le culture che "lasciano tracce nella storia", le altre sono etichettate come "primitive" e costrette ad uniformarsi, per godere le gioie sublimi delle periferie urbane. Un insegnamento di una cultura nativa del Nord-America recitava: *Non lasciare tracce così profonde che il vento non le possa cancellare.*

In questo modo quella cultura ha resistito ed è vissuta per alcune migliaia di anni, cosa che oggi è impossibile alla civiltà industriale, per il suo insanabile contrasto con il modo di vivere del nostro Pianeta. La civiltà industriale ha potuto persistere solo per due secoli: la sua fine è ormai imminente.

Nessun processo può durare a lungo sé altera in modo evidente e progressivo il funzionamento del sistema più grande di cui fa parte (la Terra).

E le altre culture che hanno lasciato tracce e sono quindi riconosciute come *civiltà*? Ormai restano solo queste loro tracce, perché sono finite anch'esse. Sono tollerate dall'Occidente, purché lascino solo dei "ricordi" da preservare e i loro ex-componenti attuali si uniformino ai valori della civiltà industriale e al suo delirante primato dell'economia: *produrre-vendere-consumare*.

Religioni, animismo e antropocentrismo: correlazioni tra Oriente e Occidente

(2 luglio 2019)

Le religioni più diffuse e riconosciute ufficialmente nel mondo sono quasi tutte "calate nella storia" cioè riconoscono profeti, o fondatori, o "ispirati da Dio", storicamente vissuti, di solito negli ultimi 2-3000 anni.

Adesso paragoniamo questi tempi:

- Esistenza della Vita sulla Terra: 3 miliardi di anni;

- Esistenza della nostra antenata Lucy (un Australopiteco): 3 milioni di anni;

- Profeti o fondatori di religioni istituzionalizzate: ultimi 2-3000 anni;

- Materialismo diffuso (vissuto oggi come una religione): 2-300 anni.

Con questi tempi, è evidente l'assurdità di chiamare "storia" le vicende della cultura occidentale degli ultimi 5000 anni e "preistoria" tutto il resto, in un unico calderone dove si mettono insieme i dinosauri (150-65 milioni di anni) e le culture umane cosiddette "primitive" (ultimo milione di anni).

Ma forse abbiamo dimenticato la religione, o visione del mondo, presente da tempi lunghissimi senza troppo bisogno di rappresentanti o intermediari, cioè l'*animismo*. Se qualche cultura pensava anche al "Grande Spirito", abbiamo una forma di *panteismo*. Chiameremo questa forma di pensiero *Animismo-Panteismo*, per comprendervi l'immanenza del Divino (o Mentale-Spirituale) nel mondo.

Ora facciamo un salto fino a tempi modernissimi (gli ultimi decenni):

- Il fisico tedesco Werner Heisenberg, con il suo famoso principio di indeterminazione (1927) e la successiva interpretazione di Copenhagen, ha introdotto inevitabilmente l'osservazione (cioè la mente) in tutti i fenomeni. Gli studi successivi hanno dovuto tenerne conto studiando entità sistemiche miste di mente-materia, ormai inscindibili;

- Lo scienziato belga Ilya Prigogine (La Nuova Alleanza) ha trovato che nelle strutture complesse si manifestano fenomeni mentali (scelte nelle biforcazioni-instabilità). Gli studi successivi hanno confermato questa presenza di fenomeni mentali connaturati con la complessità dei sistemi. In altre parole: la Mente è ovunque;

- Per altra via, gli studi dello scienziato-filosofo inglese Rupert Sheldrake (La mente estesa, Le illusioni della scienza) hanno portato al concetto di "mente estesa";

- Per quanto riguarda lo scienziato-antropologo-filosofo Gregory Bateson. In una conclusione di numerosi incontri in California fra scienziati e filosofi, Fritjof Capra riporta (Verso una nuova saggezza): "... E Gregory ammise che la Mente associata al Sistema Totale assomigliava molto all'idea di un Dio Immanente" (Panteismo);

- Lo psicanalista junghiano e saggista James Hillmann (Il codice dell'anima) parla spesso di Anima del Mondo;

- Lo scienziato italiano Stefano Mancuso e il tedesco Peter Wohlleben hanno dimostrato che anche le piante comunicano fra loro e provano emozioni.

La Mente Estesa di Sheldrake, o l "Amore compassionevole verso tutti gli esseri senzienti", che è il fondamento del Buddhismo Mahayana. Ho già sentito anche da noi qualcosa di simile, perché forse la parola di Cristo era un tentativo di portare il Buddhismo in Occidente.

Qualcuno insorge: Ma come? Il predatore "vuole bene" all'animale predato? Ma questa domanda rivela la solita manìa dell'Occidente: pensare sempre all'*individuo*.

Un esempio: verso la metà del secolo scorso furono abbandonati 19 caribù in un'isola deserta dell'Artide canadese, quasi inaccessibile dall'esterno ma molto ricca di licheni. Dopo una ventina di anni, qualcuno tornò: i caribù erano diventati 8000. Dopo altri 20 anni, tutti i caribù erano morti e l'isola non aveva più neanche i licheni. Se ci fosse stato qualche lupo, o orso bianco, o volpe artica, i caribù e i licheni sarebbero ancora là. Forse qualche lupacchiotto "voleva bene" alla specie "caribù", in realtà ne avrebbe "salvati" molti, mangiandone qualcuno, almeno nel tempo... La Mente estesa, cioè il Tutto, si autoregola, anche se non sapremo mai se sia o no cosciente.

Se riconosciamo lo spirito dell'albero, non abbattiamo le foreste, se sentiamo lo spirito del torrente, non lo riempiamo di plastica e altri inquinanti, se "vediamo" lo spirito della montagna, non la riempiamo di orribili impianti...
Forse nessuno si è ancora reso completamente conto, o ha percepito fino in fondo, che ci troviamo sul terzo pianeta di una stella di media grandezza lanciata nel braccio esterno di una Galassia qualunque, in mezzo a miliardi e miliardi di altre galassie. Le uniche vere feste che dovremmo fare e che hanno un senso sono ai Solstizi e agli Equinozi, i quattro appuntamenti che il nostro pianeta ha lungo la sua orbita, che ci sono da miliardi di anni e sono noti non solo a tutta l'umanità, ma a tutti gli esseri senzienti. Altro che Repubbliche, battaglie, eroi, santi e madonne.
Dopo questi brevissimi e incompleti cenni a considerazioni piuttosto moderne, c'è da chiedersi che senso ha continuare a considerare l'*animismo* come una

religione "primitiva" o "ingenua", che sarebbe propria di popoli rimasti fuori dalla storia e che sono destinati ad arrivare anche loro alla "verità", quella dell'Occidente, che vede la religione soltanto o con un Dio esterno al mondo, o come materialismo.

A questo punto, cosa posso rispondere a chi mi chiede: "Ma tu, sei *credente* o *ateo*?" Uno dei soliti dualismi inutili dell'Occidente. Mi viene in mente una possibile risposta: "*Animista-panteista*, con qualche simpatia per il *Buddhismo*".

Due Foreste, anzi Tre

(settembre 2019)

La Foresta Amazzonica e la Taiga Siberiana.

Le due foreste più estese della Terra, diversissime per clima e caratteristiche, sono la *foresta amazzonica*, equatoriale-pluviale a clima quasi-costante, e la *taiga siberiana*, subartica e con inverni molto freddi. Un'altra grande foresta, quella dell'Africa centrale, è di natura equatoriale-pluviale. Ora stanno bruciando tutte tre, per mano umana, ed erano già piuttosto compromesse. Le cause di questi disastri sono:

- una delle più distruttive culture umane, che ha ormai invaso tutto il mondo, cioè la civiltà industriale, con il suo tragico primato dell'economia;

- la mostruosa sovrappopolazione umana che affligge la Terra.

La straordinaria varietà e abbondanza di viventi che caratterizza le foreste equatoriali è notissima. E' pure conosciuto il ruolo vitale di tutte queste foreste nei grandi cicli della vita e nella regolazione dei gas principali dell'atmosfera terrestre, e in particolare del ciclo respirazione-fotosintesi su cui si regge la Vita macroscopica del Pianeta.

Le grandi foreste sono in fiamme tutte tre: la colpa non è solo "dei governi", come si dice di solito, è anche di coloro che si oppongono al controllo delle nascite, che riconoscono un ruolo primario all'economia, che invocano la crescita come un rimedio a tutto o un fattore di "progresso", che accettano il PIL come indicatore di benessere o di felicità. La civetta delle nevi, quando si accorge che ci sono pochi topolini in giro (*lemmings*) o ne prevede la scarsità, non fa le uova; gli elefanti, che non hanno predatori, fanno pochissimi figli. Attualmente hanno un nemico terribile, l'uomo, ma anche in questo caso è l'economia che li uccide, dato che l'avorio ha un valore monetario. La colpa è del mostruoso cancro che divora la Terra: la crescita economica, un processo che distrugge la Vita, poiché sostituisce materia inerte a sostanza vivente. Un popolo pensa a fare più quattrini vendendo bistecche (Brasile), un altro pensa alle "nuove rotte commerciali" dell'Artide (Russia), un governo vuole far fuori anche l'Alaska e sta tentando anche con la Groenlandia (USA). Ovunque gli stessi mali che portano alla morte: l'economia, la crescita, la globalizzazione.

La sofferenza degli esseri senzienti, compresi gli umani, è in aumento quasi ovunque a causa della civiltà industriale che ha invaso il mondo. L'idea che la nostra specie sia al di fuori del sistema biologico terrestre è la radice di tutti i guai: l'antropocentrismo è il male del mondo. Attorno a noi non c'è l'*ambiente*, come affermano anche gli "ambientalisti superficiali", ma noi siamo parte di un Organismo, che probabilmente è anche un essere senziente. Questo Organismo è composto di trenta milioni di specie di esseri viventi più tutte le relazioni che li collegano fra loro e con il mondo inorganico.

L'errore antropocentrico

Le grandi foreste bruciano fra la quasi-indifferenza dei governi, ma anche di gran parte dei popoli: dicono che si aprirà una nuova via commerciale, o che l'incendio riguarda zone disabitate (pensano solo alla nostra specie! E le altre?), ma che cresceranno i parametri dell'economia. Occorre andare alla radice filosofica e di pensiero del problema: che lo si voglia o no, siamo animali immersi completamente nei grandi cicli della Natura. Bisognerebbe non solo spegnere gli incendi con tutti i mezzi, ma non tagliare più alberi, neanche uno: sono esseri senzienti e non *legname*. Anche l'Africa sta bruciando, sotto la spinta dell'economia. Sempre per il grande errore di questa civiltà, *l'errore antropocentrico*.

E la Scienza? Sembra quasi che ci siano due scienze: una, che confina con la filosofia e sa benissimo che siamo animali (anche facilmente classificabili), parte di un Sistema molto più grande, anche mentale, e che vede con chiarezza l'origine di quegli incendi e la follia della crescita economica o dell'economia stessa, e una scienza che confina con la tecnologia ed è schiava dell'economia e dell'industria. La politica ascolta solo quest'ultima, quando va bene. E il popolo? Segue l'onda, chiede la crescita, cioè la morte del Complesso, e di sé stesso.

Solo come esempio, una citazione:

Un inferno urbano contemporaneo è fatto di molte cose. Tra le più evidenti, c'è l'eccesso di circolazione di macchine, auto e moto. Contro smog e paralisi si almanaccano palliativi di ogni genere, ma soltanto abbattendo la produzione automobilistica si potrebbe ridare alle città un po' di respiro post-diluviale. Immediatamente sulle piazze liberate dai grovigli di auto, si adunerebbero a migliaia, e a migliaia di migliaia, i tamburi di latta della protesta di quelli a cui fosse stato restituito il respiro: non vogliono la cura, ma la malattia in tutta la sua spietatezza...La sola voce concorde, universale, in alto e in basso, grida che nessuna industria si fermi o chiuda, qualsiasi cosa produca, sia pure inutilissima o micidialissima, sia pure destinata a restare invenduta: la sola voce concorde invoca che si aprano cantieri su cantieri e che si investano finanze in nuovi progetti industriali: a costo di qualsiasi inquinamento e imbruttimento, a costo anche di fare accorrere, per l'immediata ritorsione morale che colpisce chi accolga progetti simili, le furie di una intensificata violenza. E se deve, sul mare delle voci tutte uguali, planare una promessa rassicurante, è sempre la stessa: ci sarà la "ripresa", ne avrete il triplo di questa roba...

Guido Ceronetti, *La Stampa*, 9 marzo 1993

È l'economia che sta bruciando le due grandi foreste e causando una grande sofferenza nel cuore della Vita che, lo si voglia o no, è un fenomeno unico, compresa la nostra specie. Non possiamo neanche dire "Attenzione, la nostra casa sta bruciando!" perché la Terra non è la nostra casa, noi non siamo gli abitanti o i custodi, perché questo sarebbe ancora un intollerabile antropocentrismo. Dobbiamo dire "Stiamo distruggendo l'Organismo cui apparteniamo come cellule impazzite". La civiltà industriale e la crescita economica si comportano come le cellule del cancro. L'Organismo dovrà liberarsene estirpando il suo male. Ma come?

Per quanto riguarda l'unico movimento che dà qualche speranza, quello di Greta Thunberg e i FFF (*Fridays For Future*), la strategia degli industrialisti-sviluppisti è evidente: Facciamo grandi lodi alla ragazza svedese e raccomandazioni a seguirla, tanto non faremo niente di concreto. Anche il Papa l'ha elogiata e ha parlato con lei. Seguitela: Brava Greta! Tanto continueremo come prima, con estrazione e consumo di montagne di combustibili fossili, per "le superiori esigenze dell'economia".

Nel frattempo, gli industrialisti-sviluppisti e i politicanti loro seguaci (in pratica quasi tutti) hanno inventato termini ridicoli e contradditori come *sviluppo sostenibile*, *green economy*, *crescita verde*, *economia circolare* e simili. Del resto, ci chiediamo come possano dire di abbandonare la visione del mondo giudaico-cristiana-islamica e quella, strettamente imparentata e alleata, economicista-industrialista-sviluppista, cause primarie e inesorabili dell'attuale tragica situazione. Bisognerebbe invece dimenticare il dualismo, o la contrapposizione, *uomo-natura*, smentito dalla scienza già da due secoli: ma non se n'è ancora accorta.

Mi viene in mente la conclusione del libro *"Dieci miliardi"* di Stephen Emmott: "Ve lo dico io cosa faremo. Non faremo assolutamente niente." Purtroppo è molto probabile che questo accada, il che significa che provvederà la Terra: nel grafico BAU de *I limiti dello sviluppo* (1972), finora seguito rigorosamente dagli eventi reali, se si continuerà con le stesse interazioni fra la cinque grandezze (*popolazione, alimenti, produzione industriale, inquinamento, risorse*) cioè se continuerà lo stesso modo di vivere, sono prevedibili oltre cinque miliardi di umani morti in un mondo orribilmente degradato e la devastazione di tutti gli altri esseri senzienti. In tal caso, la Terra impiegherà molti milioni di anni per riprendersi.

Intanto le due grandi foreste della Terra continuano a bruciare, mentre i governi responsabili del territorio stanno pensando alla nuova via commerciale attraverso l'Artide oppure alla crescita del PIL dovuto alla maggiore vendita di bistecche per l'aumento di allevamenti intensivi di bovini. Della quasi-morte del Pianeta non interessa niente a questi politicanti, come ai loro inconsapevoli popoli, tranne qualche piccola minoranza. I Paesi "lontani" (ma da cosa!?) danno la notizia, ma non fanno assolutamente niente, devono pensare alla *crescita*!!

Non ci resta che sperare in un *meraviglioso imprevisto*.

Appendice

RECENSIONE e INTERVISTA

di Alessandra Gianoglio

Ecologia Profonda: Lineamenti per una nuova visione del Mondo

(14 dicembre 2014)

"Il Mondo Naturale non è patrimonio di tutti, ma è ben di più: è di miliardi di anni anteriore alla nostra specie. Se proprio si vuol parlare di appartenenza, è l'umanità che appartiene alla Natura e non viceversa."

Guido Dalla Casa
Tratto dal libro: Ecologia Profonda | Lineamenti per una nuova visione del Mondo

Cos'è l'Ecologia Profonda? Leggendo gli articoli del Prof. Guido Dalla Casa, che si occupa di ecologia da oltre 20 anni, mi viene da riassumere in poche parole il profondo significato di questo movimento: un intenso Atto d'Amore verso la nostra Madre Terra.

Siamo abituati oggi a sentire parlare di ecologia, di sovrappopolazione, di riscaldamento globale, di inquinamento: rimane però sempre qualcosa di esterno a noi, in qualche modo. Pensiamo sempre che qualcuno, forse, farà qualcosa per salvare questo Pianeta: in fondo ci consideriamo esseri "intelligenti", crediamo di avere in pugno la situazione, e che, alla fine, *qualcuno* inventerà *qualcosa* per salvare la nostra casa.

Fino a quando Madre Natura ci ricorda il giusto ordine delle cose, magari con qualche scossone (maremoti, eruzioni, terremoti) rimaniamo allora impauriti e piccoli davanti ad una tale ribellione naturale ed ecco che il nostro modo di "essere superiori" viene immediatamente ridimensionato.

Quindi, dove sta l'errore? Perché il modo in cui interpretiamo l'ecologia è sbagliato? Perché, nonostante tutte le azioni svolte, i ghiacci continuano a sciogliersi e le foreste ad essere abbattute?

Possiamo "ripulirci la coscienza", solamente rimboscando, riciclando, creando aree verdi in città, e usando detersivi ecologici? O c'è bisogno di un vero cambiamento mentale e spirituale, un vero salto quantico delle nostre coscienze?

Queste e molte altre risposte nel libro del Prof. Guido Dalla Casa: L'Ecologia Profonda: Lineamenti per una nuova Visione del Mondo. (Ed. Mimesis).

Un volume *obbligatorio*, che dovrebbe occupare un posto di tutto rilievo nelle nostre librerie.

Questo perché è un meraviglioso ed emozionale viaggio dentro l'ecosistema uomo-natura, ma anche un brillante saggio didattico-scientifico. L'autore scrive con il cuore fra le mani, per cui la lettura è scorrevole, veloce, diretta; con la maestria di chi ha davvero interiorizzato gli argomenti trattati, l'autore attraversa tematiche (spiegandole in maniera semplice anche per i non addetti ai lavori) importanti come l'evoluzione biologica, l'ecopsicologia, l'entropia, il Big Bang e le origini della Vita, il materialismo e lo sviluppo, riproponendo in maniera personale e davvero attuale teorie e studi di scienziati del passato, come Cartesio, Bacone e Locke, a studi di scienziati e studiosi moderni (il cosmologo Fred Hoyle, o la docente Leena Vilkka, per citarne alcuni) guidando il lettore attraverso una lettura appassionata, profonda, stimolante, in un crescendo intellettualmente emozionante che parte dalle origini della Vita per arrivare fino ai giorni nostri.

Passando per l'Ecologia Profonda.

Il Prof. Dalla Casa spiega molto bene nel volume l'esistenza di un'ecologia di superficie (che ci è stata venduta come l'unica e ufficiale) e una ecologia Profonda, che "intacca il concetto di progresso e le idee-guida della civiltà industriale, che hanno portato l'attuale modo di vivere e quindi al dramma ecologico.

Vi sono riportate anche le indagini aggiornate sui limiti dello sviluppo, oltre alle nuove acquisizioni e ai risultati della scienza nel campo della dinamica dei sistemi e dell'emergenza dei fenomeni mentali.

Inoltre, nel quadro di pensiero dell'ecologia profonda, vengono accennate alcune questioni filosofiche di fondo, come il libero arbitrio, l'evoluzione, la posizione della nostra specie in Natura, la fine delle certezze. In Appendice è riportato integralmente il Manifesto per la Terra.

Un libro davvero completo, dove l'autore affronta in maniera scientifica, antropologica, psicologica, e anche olistica la storia dell'uomo che si rapporta con la Terra, passando per gli aspetti energetici, scendendo anche nei perché della crisi attuale, scavando nelle Origini della Vita (e nei suoi miti venduti anche come verità scientifiche).

Il Prof. Dalla Casa analizza in maniera articolata il pensiero dell'uomo Occidentale, quello Orientale, e l'Animismo, affronta a livello biologico, psicologico, fisico, cosmologico e antropologico le tendenze del pensiero attuale, proponendosi di dare una risposta ampia a cosa sia il Progresso e a cosa abbia portato alla Terra.

La diffusione dell'Ecologia Profonda è per l'autore l'azione concreta che può attuare una rapida inversione di rotta nel pensiero e nell'animo di ogni uomo che abita – o meglio – fa parte di questo grande ecosistema chiamato Pianeta Terra.

Questo libro è un Viaggio che mi sento di consigliare ad ogni persona. Un viaggio che apre le porte della nostra mente, e anche quelle del nostro cuore.

Guido Dalla Casa, oltre ad essere un uomo di grande

cultura, docente, scrittore, ricercatore, è, nella vita di tutti i giorni, anche il nonno di una splendida bambina di nome Benedetta. Questo suo libro è stato scritto anche con il cuore di quel nonno che immagina il futuro della sua adorata nipote, ma anche di tutti i bambini della Terra.

E che cosa vorrebbe dire a tutti loro? Forse questo:

"Studia, impara, cerca di informarti il più possibile, ma conserva uno spirito critico, non credere a tutto quello che ti viene detto, che spesso ha uno scopo che non è certamente il reclamizzato "benessere". Abbi fiducia, impara. Stai lontana dalle folle umane, se dovrai attraversare un periodo difficile, sii forte. Se venissero giorni molto pericolosi, puoi rifugiarti in posti poco turbolenti, piuttosto isolati, anche se meno comodi e apparentemente con meno "oggetti". E abbi fiducia nella Natura, nella Terra".(Da un intervista dell'autore a <u>Lato Selvatico, 2013</u>)

Clima, inquinamento e sopravvivenza: dove stiamo andando?

Intervista al Prof. Guido Dalla Casa

(4 novembre 2016)

Molti dicono che sia già troppo tardi, che non basterà pensare in maniera differente, e recentemente è uscito anche il DocuFilm di Leonardo di Caprio, Punto di non ritorno, (che consiglio di vedere) che mette ancora una volta il focus sulla situazione attuale del Pianeta.

Ne ho voluto parlare con il Prof. Guido Dalla Casa, docente di Ecologia Interculturale presso la Scuola Superiore di Filosofia Orientale e Comparativa di Rimini (Università di Urbino) e autore di diversi libri: *L'ultima scimmia* (1975) ediz. MEB, *Inversione di rotta* (2008) ediz. Il Segnalibro, *Guida alla sopravvivenza* (2010) ediz. Arianna, *L'ecologia profonda: Lineamenti per una nuova visione del mondo* (2011) ediz. Mimesis e *Ambiente: Codice Rosso* (2011) ediz. Jouvence, che da quarant'anni si interessa e si occupa di ambiente, e soprattutto di Ecologia Profonda.

Domanda: Professor Dalla Casa, la Terra sta morendo, a causa al modello economico industriale: cosa ne pensa, e secondo lei, è ancora possibile un'inversione di rotta?

Risposta: Il modello industriale, che pone al primo posto l'economia, alla quale sacrifica tutto, in senso stretto non farà "morire la Terra", poiché si tratta di un sistema molto più grande e con tempi molto più lunghi, ma sta causando alla Terra una malattia molto grave, da cui potrà riprendersi solo in tempi lunghissimi (milioni di anni).

La civiltà industriale sta provocando guai enormi soprattutto a causa dei suoi processi non-ciclici, incompatibili con la Vita della Terra, e delle sue modalità di azione, dell'ordine di 100.000 volte più veloci di quelle proprie dell'Ecosistema complessivo. Quindi, ai nostri effetti, è come se il Pianeta (l'Ecosfera) stesse morendo. Per effettuare un'inversione di rotta che porti ad un periodo transitorio dolce e non traumatico, è ormai troppo tardi.

Solo come esempio, l'inerzia dell'atmosfera terrestre è così grande che, se anche smettessimo domattina gli scarichi di CO2 nell'atmosfera, ci vorrebbero molti decenni (forse un secolo) per riportare le percentuali ai valori pre-industriali, valori che sono andati avanti, con piccole oscillazioni, almeno per un milione di anni, e probabilmente molto di più.

Forse eravamo ancora in tempo a compiere un'inversione di rotta efficace attorno agli anni Settanta del secolo scorso, quando c'è stata la cosiddetta "ultima chiamata". Oggi è comunque possibile e doveroso prendere provvedimenti pratici immediati, ma è soprattutto necessario cambiare il nostro sottofondo culturale, in modo da attenuare il trauma che ci attende e gestire in modo passabile il transitorio verso modelli compatibili con la vita della Terra.

Domanda: Perché le azioni di "ecologia", come la decrescita, le fonti energetiche alternative, ad esempio, che si fanno oggi sono paragonabili a "verniciare" la terra di verde?

Risposta: Le azioni di "ecologia di superficie" (usando una definizione di Arne Naess), come la sola decrescita o la sostituzione delle fonti energetiche, sono utilissime per *attenuare* i guai, ma sono insufficienti senza una modifica molto più profonda del pensiero generale, del paradigma in cui vengono inquadrate le nostre ricerche e le nostre azioni.

Infatti il linguaggio dei movimenti "di superficie" tende a restare quello dell'economia e talvolta vuol far credere che, passando alle energie alternative e con qualche riciclo, si possa andare avanti come prima, o quasi. Di energia ce n'è anche troppa. È necessario uscire dall'attuale antropocentrismo per passare all'Ecocentrismo, cioè tenere come primo valore la buona salute dell'Ecosfera e di tutti gli esseri senzienti.

Altrimenti si dà soltanto una verniciata di verde al

mondo attuale, il cui modo di procedere è incompatibile con la *Vita* (se preferite, con il *funzionamento*) della Terra. Inoltre il Pianeta non può supportare più di 3-4 miliardi (come massimo) di un Primate di 70 Kg che pretende anche di mangiare carne. In genere, negli ecosistemi sani, i carnivori sono in rapporto di 1:100 o 1:1000 rispetto agli erbivori (o insettivori).

Domanda: È vero che già nel 2030 potremmo veder i primi "veri danni" di questo sistema economico?

Risposta: I veri danni della crescita economica si vedono chiaramente già oggi, come dimostrano i molti ecosistemi in corso di rapida distruzione (foreste, barriere coralline, savane, paludi, ecosistemi fluviali e costieri, e così via), le alterazioni dell'atmosfera terrestre, la spaventosa sovrappopolazione che affligge la Terra, le montagne di rifiuti che si accumulano ovunque, la distruzione della biovarietà, l'enorme consumo di territorio, con scomparsa dell'humus e di ogni vitalità del suolo. Poiché tutti questi fenomeni sono in aumento inesorabile, la situazione è già al di fuori di ogni capacità di autoriparazione, anche parziale, del nostro Pianeta. Pertanto è probabile che, attorno al 2030, sia già iniziata un'operazione "chirurgica" perché la Terra si liberi dal suo male.

Domanda: Cosa significa "sviluppo sostenibile"?

Risposta: "*Sviluppo sostenibile*" è una locuzione contraddittoria (un *ossimoro*) inventato dai cosiddetti "ambientalisti" di superficie per far credere che sia possibile andare avanti come prima, solo con qualche accorgimento "di facciata". La definizione ufficiale è "*lo sviluppo che soddisfa le esigenze del presente senza compromettere la possibilità, per le future generazioni, di soddisfare i propri bisogni*". Tale definizione è completamente antropocentrica e non tiene in alcun conto la vita degli altri esseri senzienti e la buona salute dell'Organismo di cui facciamo parte. Anzi, considera l'uomo ancora "al di sopra" e "al di fuori" della Natura. Una definizione corretta dovrebbe essere di questo tipo:

"*L'andamento di un sistema è "sostenibile" se può durare a tempo indefinito senza alterare in modo apprezzabile l'evoluzione del sistema più grande di cui fa parte*". Questa definizione tiene conto della vita dell'Ecosfera, non ha riferimenti antropocentrici, ed ha anche connotazioni etiche e spirituali se consideriamo che nei sistemi complessi si manifestano fenomeni mentali.

Domanda: Quanto sono responsabili i modelli religiosi che da millenni inculcano concetti preconfezionati alle persone?

Risposta: La responsabilità dei modelli religiosi imposti da molte istituzioni è fortissima, in particolare quella delle religioni che si ispirano all'Antico Testamento (cristianesimo, ebraismo, islam) e della cultura occidentale "laica", riduzionista, meccanicista e materialista, che si comporta come una religione ed ha accolto in pieno l'antropocentrismo più spinto, in contrasto con le sue stesse conoscenze. Ha come *dogmi* la mancanza di ogni spiritualità nel mondo naturale, le premesse che la Natura si comporti come una macchina e la convinzione che la mente sia esclusivamente un prodotto del cervello; in realtà semplicemente nega *i fatti* che contraddicono queste premesse. Ci sono comunque scienziati singoli con mentalità molto più aperta, ma vengono di fatto tenuti alla larga dalla scienza "ufficiale", quella che viene divulgata.

Per quanto riguarda le "tre religioni": Nell'Antico Testamento è ribadita più volte l'assoluta "diversa natura" dell'uomo, frutto di una creazione separata, e dichiarato "signore e padrone" di tutto quanto gli sta attorno, compresi venti-trenta milioni di specie di esseri senzienti, che sarebbero al suo servizio. La durata dell'esistenza umana è dell'ordine di un millesimo del tempo di esistenza della Vita sulla Terra: sembra che qualcuno non se ne sia ancora accorto. Inoltre quelle tre religioni (anzi, le istituzioni che le rappresentano) continuano ad opporsi ostinatamente ad ogni controllo delle nascite, aggravando così la situazione. Anche osservare l'attuale distruzione della Vita e tacere è un atto gravissimo, soprattutto sul piano morale.

La situazione è leggermente migliore per le religioni "di stampo orientale" e soprattutto per le visioni del mondo di tipo animista-panteista.

> Domanda: Oggi siamo nell'era della tecnologia: non pensa che i ragazzi della nuova era, possano trovare soluzioni per curare il pianeta?

Risposta: I ragazzi della nuova era che si occupano di questi problemi globali sono piccole minoranze, e di solito non hanno mezzi per poter fare qualcosa di veramente utile su larga scala. Spesso inoltre riescono ad escogitare piccoli provvedimenti che non possono tenere dietro all'avanzare dei guai provocati dalla crescita: sono comunque utilissimi come tentativo di arginare il male. Le *quantità* attuali di rifiuti (ad esempio, plastica, rifiuti industriali, scarichi vari e gas-serra) sono assolutamente ingestibili. Inoltre, sono in crescita continua. È come sperare di fermare un allagamento portando via dei secchi d'acqua, ma lasciando aperti i rubinetti che lo provocano. Per ottenere qualcosa di duraturo, è necessario un cambio radicale di mentalità, di paradigma, di pensiero di fondo. E deve sparire il primato dell'economico, che ci sta perseguitando.

È utile ricordare questo avvertimento, che ha quasi mezzo secolo:

"Non vorrei sembrare troppo catastrofico, ma dalle infor-

mazioni di cui posso disporre come segretario generale si trae una sola conclusione: i Paesi membri dell'ONU hanno a disposizione A MALAPENA DIECI ANNI per accantonare le proprie dispute e impegnarsi in un programma globale di arresto della corsa agli armamenti, di risanamento dell'ambiente, di controllo dell'esplosione demografica, orientando i propri sforzi verso la problematica dello sviluppo. In caso contrario, c'è da temere che i problemi menzionati avranno raggiunto, entro il prossimo decennio, dimensioni tali da porli al di fuori di ogni nostra capacità di controllo"

U. Thant (Segretario Generale dell'ONU), 1969

Cinquant'anni sono passati invano!

Domanda: Cosa può fare la comunità, cosa dovrebbero fare i governi, secondo lei, esistono soluzioni davvero attuabili?

Risposta: Occorre diffondere idee, dare informazioni, accettare l'idea che questa civiltà è un modello fallito, perché incompatibile con i più grandi e vitali cicli della Terra. Bisogna diffondere in tutto il mondo il controllo delle nascite, passare ad una dieta quasi-vegetariana (come quella di scimpanzé, oranghi e gorilla), non esaltare più, neanche in via indiretta, valori come la competizione, la velocità, e simili. La consapevolezza sarebbe il primo passo.

L'atteggiamento più frequente da parte dei governi, o di chi detiene qualche potere, è di negare quasi completamente ogni informazione corretta sulla situazione. Di solito questo accade perché chi detiene poteri in tal senso non ne sa niente, oppure perché ha paura di perdere la sedia. Un provvedimento molto utile sarebbe quello di dare questo tipo di informazione nelle scuole di ogni ordine e grado, cominciare dai bambini. Purtroppo non c'è quasi alcun segno di azioni simili.

Così tutto tace, e la Terra provvederà... ma in che modo?

Domanda: Da un rapporto della FAO del 2013 si evince che gli allevamenti animali producano da soli il 14,5% di gas serra. Quanto può essere importante educare la gente ad un'alimentazione 100% vegetale?

Risposta: Effettivamente il ciclo della carne causa gravissimi danni al Pianeta e produce una percentuale notevole dei gas serra. Quindi educare la gente ad una alimentazione vegetariana è certamente utilissimo, e costituisce anche una buona indicazione sul piano morale.

Un argomento "forte", oltre alle motivazioni etiche, è quello di confrontare la nostra dieta con quella di gorilla, oranghi, scimpanzè e bonobo, che sono quasi-vegetariani, ma non completamente.

Si può inoltre ricordare che in Natura il rapporto numerico fra carnivori ed erbivori è dell'ordine di 1:100 oppure 1:1000.

Toglierei comunque quel 100%, per sostituirlo con un'espressione del tipo "quasi completamente". Tutto poi dipende anche dai numeri, in particolare da quanti umani ci sono in ogni ecosistema, che deve comunque restare in situazione "quasi-stazionaria". Con piccoli numeri di altri esseri senzienti si potrebbero stabilire rapporti di simbiosi, ben diversi dagli attuali "allevamenti".

Domanda: In una visione metafisica del mondo, nella visione della Terra come Vivente ed essere "evoluto", pensa che energicamente, la Terra possa fare un Salto Quantico, "liberarsi" dal tumore che l'affligge e sopravvivere o rinascere sotto nuova forma? (portandosi dietro chi dei viventi è energicamente allineato a questi tempi?)

Risposta: Penso che la Terra possa fare il Salto Quantico che dici, ma secondo i suoi tempi. Si libererà del tumore che l'affligge e rinascerà sotto nuove forme. Ci saranno nuove culture umane, e con numeri accettabili. Ma in che modo? E in quanto tempo? Quanto durerà il transitorio?

Per la domanda su chi si porterà dietro, ecco un esempio molto, molto più piccolo, in un ecosistema di qualche valle nordica:

"I *lemmings* sono piccoli roditori del Nord-Europa e dell'Asia simili ai nostri topi campagnoli. In determinati periodi essi abbandonano le Alpi della Scandinavia in gruppi numerosi, come guidati da un misterioso suonatore di flauto, e si dirigono verso il Mare del Nord o il Golfo di Botnia. Lungo questo tragitto, che è il loro senso della storia, essi subiscono gli attacchi dei carnivori o degli uccelli predatori che li distruggono a migliaia. Malgrado tutto, essi proseguono la loro strada e, raggiunta la meta, si gettano nel mare e vi annegano.

Che cosa potrebbero dire i *lemmings* se potessero scrivere la storia di una delle loro migrazioni? "Siamo in marcia verso un felice domani, la nostra nazione fortemente strutturata cresce di ora in ora, e nonostante vari attacchi, progrediamo nella stessa direzione, conservando la nostra organizzazione che, sola, permette all'individuo di marciare verso quel progresso che intravediamo già, tutto azzurro, ai piedi delle montagne".

La storia ha un senso per i *lemmings* e per la civiltà occidentale: essa sfocia in un suicidio collettivo, prima della "planetizzazione" di una specie (*o di una cultura – l'aggiunta è mia*). Ogni individuo vede però in questo slancio ultimo una marcia verso una situazione migliore. Più i *lemmings* si allontanano dal punto di partenza, dicono i naturalisti, più sono eccitati; nulla li può fermare; davanti a un ostacolo sibilano e digrignano i denti per la collera. (*da "L'uomo e l'Invisibile" dell'antropologo francese Servier, pubblicato in italiano dall'Editore Rusconi nel 1973*

– il libro è uscito in francese nel 1967).

Ma i *lemmings* sono ancora là, sulle montagne, in testa alla valle, in numero accettabile. Infatti gli ultimi della corsa, oltre a quelli che ne restano al margine e vanno più lentamente di quelli "centrali", si salvano accorgendosi in tempo di dove vanno a finire "i primi". I *lemmings* che tornano vivi sulle montagne sono gli ultimi della corsa, quelli che restano al margine della migrazione suicida, quelli che "non ci credono troppo". Naturalmente la Natura non si cura molto dei singoli individui, il discorso vale per le comunità, i gruppi, i movimenti di pensiero, in generale.

Domanda: Cosa può invece fare la singola persona, di fronte ad un sistema politico-economico distruttivo?

Risposta: La singola persona può parlarne, diffondere queste idee, anche se molti non ascoltano: ma c'è sempre una minoranza che ascolta, recepisce, magari diventa a sua volta un centro di diffusione. Organizzare qualcosa in tal senso. Poi può condurre una vita sobria, anche senza fanatismi, consumare meno in tutti i sensi, attenersi alle indicazioni spicciole dell'ecologia di superficie, usare l'auto il meno possibile, andare a piedi o in bicicletta, rifiutare l'aria condizionata, deleteria da tutti i punti di vista. Inoltre, in tono semischerzoso, consiglierei di preparare un "rifugio" in località isolata o scarsamente accessibile, perché...non si sa mai, potrebbe servire, magari per un breve periodo. Oppure servirà per passarci qualche periodo di vacanza e distensione.

Domanda: Come vede lei, Guido, a livello personale, come padre, nonno, ed abitante della Terra, il prossimo futuro?

Risposta: Vedo i probabili primi segni di un innesco degli eventi che faranno arrestare i fenomeni in corso: migrazioni di massa, fanatismi religiosi fino al suicidio, e qualche segno di guerra. Forse è il Pianeta che si difende; non dimentichiamo che noi *siamo* la Terra. Forse questi segni sfoceranno in qualcosa di più grave. Dopo gli eventi traumatici si cominceranno ad abbozzare nuovi modelli culturali, ben lontani dall'attuale civiltà industriale. Non dimentichiamo che l'attuale desiderio infinito di beni materiali è stato un'eccezione nei 5000 modelli culturali che esistevano sulla Terra, anche se questa eccezione ha invaso il mondo intero nell'ultimo secolo.

Serge Latouche ha scritto: *Chi vive in questo momento storico ha il privilegio di assistere al crollo della civiltà occidentale. Un fatto rarissimo, paragonabile alla fine dell'Impero romano. Con la differenza che questo si è svolto in un arco temporale di settecento anni, mentre il crollo della nostra civiltà si compirà in meno di trenta.*

Ho molte, molte perplessità sul termine "privilegio" e

sulla previsione dei "meno di trenta" anni. Inoltre il crollo dell'Impero Romano è stato un fenomeno molto minore perché tutta l'umanità in quel periodo non superava i 2-300 milioni di abitanti, e ora sono più di 7 miliardi, in continua e inesorabile crescita. Sono i numeri che mi preoccupano. Si parla dei "migranti" e nessuno dice che la popolazione umana in Africa a metà dell'Ottocento era di circa trenta milioni e ora ha superato largamente il miliardo, cioè più di trenta volte tanto. Inoltre cresce inesorabilmente: raddoppia ogni trent'anni.

Domanda: Non faremo nulla?

Risposta: Due anni fa la mia nipotina, che allora aveva nove anni, ha trovato su un tavolo di casa il libro *"Dieci miliardi"* di *Stephen Emmott* (Feltrinelli, 2013), che consiglio vivamente a tutti: è un resoconto rapido e sintetico della situazione mondiale, che si legge in poco tempo. Tra l'altro Emmott non è un filosofo indiano, o un "ambientalista" fanatico, è un Professore di Cambridge. Dopo aver letto poche pagine, la bambina, visibilmente preoccupata, si è precipitata da mia figlia dicendo *"Mamma, ma nessuno fa niente?"*

Il libro si conclude così: "Vi dico io cosa faremo: assolutamente niente. Penso che le cose andranno avanti come se nulla fosse". Questa è l'ipotesi peggiore. Se non si farà niente, cioè continueranno le politiche attuali, l'andamento del sistema mondiale proseguirà come nel grafico BAU (*business as usual*) de "*I limiti dello sviluppo*", il famoso rapporto di 50 anni fa: dopo il 2050 circa il 60-70% dell'umanità (arrivata a circa 12 miliardi) è destinato a morire, in un mondo terribilmente degradato. Non credo che si arriverà a questo, perché ho fiducia nella Terra: molto prima succederà "qualcosa" che interromperà l'andamento attuale dei fenomeni di aggressione umana al Pianeta. Possiamo sempre sperare in un "*meraviglioso imprevisto*".

Grazie per l'acquisto!

Grazie per aver deciso di supportare il mio lavoro con l'acquisto di questo libro! Sarei davvero felice se mi lasciassi un tuo feedback su amazon!

potrebbe interessarti..

La società industriale ed il suo futuro
Manifesto di Unabomber

Theodore John Kaczynsk

Scritto da un genio matematico senza pari, per quasi 20 anni braccato dalle più potenti agenzie di intelligence al mondo.
L'attualità spaventosa di un capolavoro.
Il manifesto contro il mondo tecnologico più famoso di sempre.
Dopo aver letto questo libro, la tua visione del progresso tecnologico sarà completamente diversa.

www.ingramcontent.com/pod-product-compliance
Lightning Source LLC
Chambersburg PA
CBHW051245250726

48656CB00004B/1134